Gesunde Küche für Babys & Kleinkinder

Gesunde Küche für
Babys & Kleinkinder

Die besten Rezepte
und Ernährungstipps

Inhalt

ERNÄHRUNG FÜR EIN GESUNDES LEBEN

Die Geburt eines Kindes ist für jede Familie eine große Freude. Doch wirft man einen Blick auf den Alltag der jungen Eltern, erkennt man schnell, dass es im Haushalt in der ersten Zeit oft drunter und drüber geht. Durch die neue Familiensituation durchlaufen junge Eltern eine Lernkurve so steil wie die Südwand des Mount Everest. Im Mittelpunkt steht dabei meist die Sorge um die richtige Ernährung ihres Neugeborenen.

Viele Fragen werden auf Sie als junge Eltern einstürzen: Muttermilch oder Fertigmilchnahrung? Wie viel? Wie oft? Welche Fläschchen soll ich benutzen? Wie sterilisiere ich die Fläschchen? Wann füttere ich zum ersten Mal feste Nahrung? Welche Lebensmittel sollen auf dem Speiseplan stehen? Was mache ich, wenn mein Kind nicht essen will? Und was gilt es hinsichtlich Allergien zu beachten? Bekommt mein Kind auch wirklich genug zu essen? Fragen über Fragen und dazu eine Vielzahl widersprüchlicher Ratschläge von wohlmeinenden Freunden und Familienmitgliedern …

Vertrauen Sie Ihrem Bauchgefühl

Entspannen Sie erst einmal und genießen Sie Ihr Elternsein. Dieses Buch mit seinen leicht nachvollziehbaren Tipps zur richtigen Ernährung von Babys und Kleinkindern wird Ihnen dabei eine Stütze sein. Mithilfe eines auf Kinderheilkunde spezialisierten Ernährungswissenschaftlers haben wir eine Fülle von leckeren Rezepten zusammengestellt: Vorschläge für die erste Babymahlzeit, für Pürees und Puddings, Breie für ältere Säuglinge sowie köstliche und ausgewogene Speisen für Kleinkinder jeden Alters und eine Vielfalt an Gerichten für die ganze Familie.

Natürlich ist es wichtig, Ihrem Kind eine vollwertige Kost zu bieten, aber es ist auch wichtig, dass Sie lernen, auf Ihre innere Stimme zu hören, die Ihnen sagt, was gut für Ihr Baby ist. Das Wohlbefinden Ihres Kindes erkennen Sie eher daran, dass es glücklich wirkt, regelmäßig schläft, gesund aussieht und an Gewicht zunimmt, als an der Portionsgröße, die es isst. Jedes Kind ist eine einzigartige Persönlichkeit – unbekümmert bei manchen Dingen, wählerisch bei anderen – und kein Kind kommt mit einer Gebrauchsanweisung auf die Welt. Machen Sie sich vertraut mit den Ratschlägen der Mediziner, aber ändern Sie deren Hinweise und Tipps so ab, dass sie zu Ihrer Familie und Ihrem Kind passen. Wenn Sie immer aus Liebe zu Ihrem Kind handeln, sind Sie die besten Eltern, die sich Ihr Kind wünschen kann.

Das wichtigste Zubehör

Zunächst sollten Sie spezielles Küchenzubehör kaufen,
um sich und Ihrem Baby das Füttern zu erleichtern.

Zur Grundausstattung gehören:

- ein Sortiment an Babyfläschchen (mit gut lesbaren Maßskalen). Wenn Sie stillen, dienen die Fläschchen dazu, die Muttermilch aufzubewahren. Wenn Sie mit der Flasche füttern, brauchen Sie mindestens sechs Stück

- Trinksauger

- eine Milchpumpe (wenn Sie stillen)

- unzerbrechliche Teller und Schälchen

- Trinkbecher mit Trinkhalm oder Schnabelaufsatz

- Babylöffel mit weichen Kanten

- eine Gabel oder einen Kartoffelstampfer

- ein kleines Bambus-Dampfsieb (für Ihre Kochtopfgrößen)

- einen großen Kochtopf (zum Sterilisieren der Fläschchen)

- kleine Frischhaltedosen mit Deckel

Was Sie darüber hinaus erwerben, hängt natürlich davon ab, wie viel Sie ausgeben möchten und wie sinnvoll Sie weitere Anschaffungen finden.

Zur weiteren Ausstattung können gehören:

- Kartoffelpresse oder Passiermühle

- Siebe

- Pürierstab oder Mixer oder Küchenmaschine

- Mikrowellen-Dampfsterilisator

- Hochstuhl (erst ab dem 6. Monat)

Ein Fläschchensortiment …

… und passende Sauger

Plastikgeschirr und Babylöffel
für sichere Mahlzeiten

Trinkschnäbel, damit
nichts verschüttet wird

Ein Stampfer, um bequem
Breie zuzubereiten

Dampfgareinsätze aus Edelstahl
oder Bambussiebe sind ideal.

Ein großer Topf
zum Sterilisieren

Kleine Frischhaltedosen zum
Einfrieren und Aufbewahren

Eine Passiermühle macht im
Handumdrehen Püree.

Siebe gibt es in einer
Vielzahl von Größen.

Püriergeräte sind
sehr nützlich.

Ein Mikrowellen-
Dampfsterilisator

Achtung Allergien!

Glücklicherweise müssen sich die meisten Eltern keine Gedanken über Lebensmittelallergien machen, denn weniger als zehn Prozent aller Kinder entwickeln eine. In der Regel kommen diejenigen Babys und Kleinkinder, die an einer Allergie leiden, aus Familien, in denen bereits bei anderen Familienmitgliedern Unverträglichkeiten bekannt sind.

Dennoch ist es wichtig, auf erste Anzeichen zu achten, wenn Sie Ihrem Baby zum ersten Mal Speisen geben, die dafür bekannt sind, Allergien auszulösen. Auch wenn in Ihrer Familie bislang keine Allergien aufgetreten sind und bei Ihrem Kind bisher keine akute Unverträglichkeit diagnostiziert wurde, sollten Sie als erste feste Nahrung im Alter von sechs Monaten (siehe Seite 20) für Ihr Kind nur Lebensmittel mit einem geringen Allergierisiko wählen. Besondere Vorsicht ist geboten, wenn Sie Ihrem Kind das erste Mal Zutaten geben, die im Verdacht stehen, Allergien auszulösen (siehe rechts). Beginnen Sie immer nur mit kleinen Mengen und warten Sie fünf bis zehn Tage, bevor weitere Kostproben folgen. So können Sie Ihrem Kind zum Beispiel nach dem achten Monat etwas Eigelb geben; wenn Sie keine Reaktion beobachten, versuchen Sie auch das häufiger Allergien auslösende Eiweiß.

Die häufigsten Allergene

Die häufigsten Allergene sind Eier, Nüsse und Milch. Allergische Reaktionen treten außerdem oft nach dem Verzehr von Fisch und Meeresfrüchten, Sojabohnen und sonstigen Hülsenfrüchten sowie Sesamsamen und Weizen auf.

Allergische Reaktionen auf Lebensmittel verursachen oft ganz unterschiedliche Symptome. Einige treten sofort nach dem Verzehr auf und können zu einer Schwellung der Lippen und einem rötlichen Ausschlag um den Mund führen. Dies kann einhergehen mit Erbrechen, Durchfall, Bauchschmerzen oder Ausschlag auch an anderen Körperteilen. Bei heftigen allergischen Reaktionen können auch Engegefühle in Hals oder Brust, Schwierigkeiten beim Atmen oder gar Bewusstlosigkeit eintreten.

Dies zeigt, wie wichtig die genaue ärztliche Diagnose bei einer Nahrungsmittelallergie ist, damit Sie Ihrem Kind keine Lebensmittel geben, die es krank machen, ihm andererseits aber auch den Genuss bestimmter Speisen nicht unnötigerweise vorenthalten. Die gute Nachricht ist dagegen, dass Lebensmittelallergien häufig mit zunehmendem Alter wieder verschwinden. Allergien auf Erd- und sonstige Nüsse sowie auf Fisch bleiben jedoch meist bestehen.

Das Stillen von allergie-kranken Babys

Obwohl Muttermilch die beste Nahrung für Ihr Neugeborenes ist, sollten Sie bei bekannten Allergien in Ihrer Familie wissen, dass Allergene auch beim Stillen übertragen werden können. Sollte bei Ihrem Baby eine Unverträglichkeit diagnostiziert werden, streichen Sie die kritischen Lebensmittel von Ihrem eigenen Speiseplan. Eine Garantie, dass Ihr Kind keine Allergie entwickelt, ist dies dennoch nicht. Denken Sie vielmehr auch daran, dass Ihre Ernährung unausgewogen

wird, wenn Sie beispielsweise auf Milch und Milchprodukte verzichten. Wenn in Ihrer Familie allerdings eine Allergie auf Nüsse besteht, sollten Sie diese während der Stillzeit meiden. Lassen Sie sich von Ihrem Arzt beraten oder suchen Sie einen Ernährungsberater auf, der einen auf Sie abgestimmten Diätplan entwickelt.

Wenn Sie nicht stillen und in Ihrer Familie Allergien bekannt sind, empfiehlt es sich, das Kind mit hypoallergener Säuglingsnahrung zu füttern, bei der das Kuhmilch-Eiweiß aufgespalten wurde. Diese Spezialnahrung erkennt man an dem Aufdruck „HA". Sie ist im Handel problemlos erhältlich. Für Babys mit einer Kuhmilchallergie kann diese Fertigmilch unter Umständen aber trotzdem nicht geeignet sein. In diesen Fällen empfiehlt Ihnen der Kinderarzt eine andere, besser geeignete Fertigmilchnahrung.

Nahrung für Kinder, die an einer Unverträglichkeit leiden

Das Immunsystem ist in den ersten Lebensjahren noch nicht vollständig ausgebildet. Daher ist es wichtig, dass man Babys mit einem erhöhten Allergierisiko nicht zu früh mit unterschiedlichen Nahrungsmitteln konfrontiert. Fangen Sie deshalb mit der Einführung fester Nahrung nicht vor dem sechsten Lebensmonat an.

Wenn bei Ihrem Kind eine Allergie gegen ein bestimmtes Lebensmittel diagnostiziert wurde, dürfen Sie ihm auf keinen Fall etwas geben, dass auch nur die geringsten Spuren davon enthalten könnte. Ihr Arzt sollte mit Ihnen zudem besprechen, ab welchem Zeitpunkt weitere potenzielle Allergene ausprobiert werden können. Wenn in Ihrer Familie häufig Unverträglichkeiten vorkommen, gilt es besonders vorsichtig zu sein bei Kuh- oder Ziegenmilch, Joghurt und Käse (obwohl eine allergische Reaktion unwahrscheinlich ist, wenn Ihr Kind normale Fertigmilchnahrung verträgt), Eiern, Sojaprodukten, Fisch und eventuell Weizen. Beginnen Sie mit kleinen Mengen und warten Sie fünf bis zehn Tage, bevor Sie dieses Lebensmittel erneut füttern.

Eltern von Kindern mit Lebensmittelallergien müssen lernen, akribisch die Packungsangaben zu studieren, da viele Speisen Allergene enthalten können, welche die Gesundheit Ihres Kindes beeinträchtigen. Ein Ernährungsberater hilft Ihnen bei der Suche nach versteckten Allergenen und empfiehlt Ihnen Alter-

nativen. Ebenso ist es unerlässlich, dass Sie Ihrem Kind von Anfang an beibringen, welche Lebensmittel es nicht essen darf. Auch Großeltern, Kindergärtner, Babysitter und alle sonstigen Kontaktpersonen Ihres Kindes sollten über die Allergie unterrichtet sein und wissen, wie sie im Ernstfall bei einer allergischen Reaktion reagieren müssen. Ihr Hausarzt kann Sie über den bestmöglichen Umgang mit der Allergie Ihres Kindes informieren.

0–6 MONATE

In den ersten sechs Monaten dreht sich bei der Ernährung Ihres Babys alles um Milch, Milch und nochmals Milch. Für frisch gebackene Eltern dürfte es in dieser Zeit eine Erleichterung sein, dass sie für das Baby nicht extra kochen müssen. In diesem Kapitel finden Sie Tipps zur Sterilisierung von Flaschen, zum Stillen, zu Fertigmilch und zur Entwöhnung.

Die Muttermilch

Muttermilch enthält alle lebenswichtigen Nährstoffe genau in der Dosierung, wie sie die Natur für Neugeborene vorgesehen hat. Zudem wird sie in keimfreier Umgebung aufbewahrt, ist immer zur Hand, hat genau die richtige Temperatur und sollte daher, sofern möglich, immer die erste Wahl für jede junge Mutter sein.

Nach dem Eingewöhnen ist das Stillen meist eine zärtliche und innige Erfahrung für Mutter und Kind. Alles richtig zu machen kann jedoch zunächst sehr schwer sein – besonders in den ersten Wochen. Bei Problemen sollten Sie nicht zögern, sich an entsprechende Beratungsstellen zu wenden: Hebammen, die spezielle Kurse und Sprechstunden zum Thema Stillen anbieten, finden Sie in Krankenhäusern oder als selbstständig niedergelassene Hebammen mit eigenen Praxen. Sie werden sehen, dass die Tipps und Hinweise von einer fachkundigen Stelle eine wertvolle Hilfe sein können.

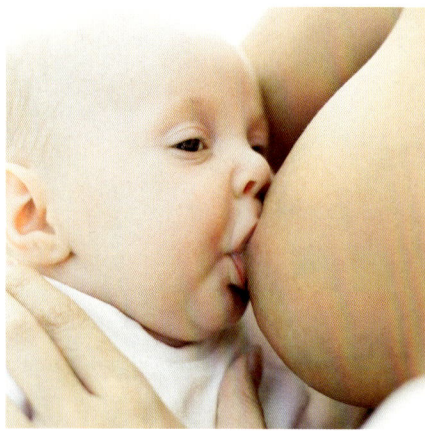

Wenn Sie nicht stillen können, ist dies kein Grund zur Verzweiflung. Fertigmilchnahrung ist ein sehr guter Ersatz für Muttermilch und Ihr Baby bekommt auch so alle wichtigen Nährstoffe. Konzentrieren Sie sich vielmehr darauf, die wunderbare Intimität zwischen Ihnen und Ihrem Kind beim Füttern aufzubauen. Machen Sie es sich bequem, wenn Sie dem Kind das Fläschchen geben – am besten immer im selben Sessel und im selben Zimmer. Kuscheln Sie mit Ihrem Baby und lernen Sie es kennen – ganz egal ob die Milch aus der Brust oder aus der Flasche kommt.

Die Ernährung junger Mütter

In den ersten Monaten achten viele frisch gebackene Mütter zu wenig auf ihre eigene Ernährung. Die Sorge, ihr Baby falsch zu ernähren und die Bedürfnisse des Kindes nicht richtig zu erkennen, verdrängt die eigenen Wünsche vieler Frauen.

Aber bedenken Sie, dass Sie bei einer ungesunden und unausgewogenen Ernährung Ihren Alltag schwer bewältigen können. Das Beste, was Sie für Ihr Baby tun können, ist also, auf sich selbst zu achten.

Bedenken Sie Folgendes:

- Die Geburt ist zwar ein natürlicher Vorgang, aber auch eine physische Belastung, von der sich Ihr Körper erholen muss. Er braucht also entsprechende Nährstoffe für die Regeneration.

- Wenn Sie stillen, kann Sie ein ständiges Hungergefühl beschleichen. Keine Panik: Stillen verlangt dem Körper viel Energie ab. Haben Sie Heißhunger, essen Sie also einfach mehr – vor allem Obst, Gemüse, Brot und Getreideprodukte, Milchprodukte und mageres Fleisch wie Geflügel oder Fisch.

- Vermeiden Sie strenge Diäten, um Ihre Gewichtszunahme durch die Schwangerschaft auszugleichen. Ihr Körper braucht für die Produktion von Muttermilch im Moment mehr Energie, keinesfalls weniger. Seien Sie beruhigt: Stillen wird Sie schnell wieder in Form bringen.

- Stillende Mütter haben oft mehr Durst als sonst. Hören Sie auf Ihren Körper, trinken Sie beim Füttern immer auch etwas Wasser und nehmen Sie verteilt über den Tag genug Flüssigkeit zu sich.

- Wenn Sie keine tierischen Produkte essen, nehmen Sie ein B_{12}-Präparat ein. So bekommt Ihr Baby genug von dem lebenswichtigen Vitamin.

- Ignorieren Sie Ammenmärchen, die besagen, dass die Ernährung der Mutter die Menge der Muttermilch beeinflusst – nur das Saugen an der Brustwarze ist der Anreiz für die Drüsen, Milch zu erzeugen. Manche junge Mütter beobachten, dass ihre Kinder unruhig werden, nachdem sie selbst bestimmte Lebensmittel wie etwa Weißkohl, Brokkoli, Rosenkohl und Zwiebeln verzehrt oder größere Mengen koffeinhaltiger Getränke getrunken haben. Streichen Sie diese Lebensmittel von Ihrem Speiseplan, wenn Sie merken, dass Ihr Kind darauf anspricht, und trinken Sie am Tag höchstens dreimal eine kleine Menge Kaffee oder Cola. Auch wenn man Ihnen vielleicht etwas anderes geraten hat: Milch von Ihrem Speiseplan zu streichen, verhindert die üblichen Bauchschmerzen Ihres Babys nicht. Zudem sind Milchprodukte ein wichtiger Lieferant des für stillende Mütter so wichtigen Kalziums.

Zubehör für das Sterilisieren

Die Desinfektion der Fläschchen, des Zubehörs und der Schnuller ist in den ersten zwölf Lebensmonaten Ihres Babys sehr wichtig, da das Immunsystem noch nicht ausgebildet ist. Die wichtigste Hygienemaßnahme besteht darin, dass Sie sich vor dem Füttern (egal ob mit der Brust oder der Flasche) und nach jedem Windelwechsel sorgfältig die Hände waschen.

Ebenso sollten alle Fläschchen, Sauger, Schnuller etc. sofort nach Benutzung zunächst unter kaltem Wasser abgespült und dann mit heißem Wasser gereinigt werden, bevor die eigentliche Desinfektion beginnt. Denn jede Sterilisierungsmethode ist umsonst, wenn sich getrocknete alte Milch in den Fläschchen oder Saugern festgesetzt hat.

Mit diesen Methoden können Sie das Babyzubehör sterilisieren:

Abkochen

Schnuller, Fläschchen und Sauger müssen fünf Minuten in einem großen Kochtopf mit Wasser abgekocht werden. Lassen Sie die Teile im Wasser abkühlen, bevor Sie sie benutzen. Jedes Zubehör, das Sie nicht unmittelbar danach benötigen, können Sie in einem gereinigten Behälter im Kühlschrank aufbewahren. Wenn jedoch mehr als 24 Stunden vergehen, bevor Sie es benutzen, sollten Sie es davor noch einmal sterilisieren.

Dampf- oder Mikrowellensterilisatoren

Dampf- oder Mikrowellensterilisatoren (aus dem Babyfachgeschäft) desinfizieren das Zubehör mit Dampf. Beachten Sie die Gebrauchsanweisung genau. Ein Mikrowellensterilisator (ein verschließbarer Plastikbehälter, in dem die Fläschchen befestigt werden können) ist günstiger als ein elektrischer Dampfsterilisator.

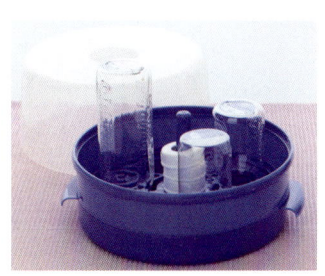

HAT MEIN KIND DAS RICHTIGE GEWICHT?

Wenn Ihr Baby nicht zu den Wonneproppen gehört, die die Nadel der Waage zum Anschlag bringen, ist es ganz normal, sich Gedanken darüber zu machen, ob Ihr Kind genug isst und ob es im richtigen Maße zunimmt und wächst. Aber wenn Ihr Baby glücklich, gesund und ausgeschlafen ist, können Sie sich relativ sicher sein, dass Sie alles richtig machen!
Babys unterscheiden sich in Gewicht und Größe genau wie Erwachsene. Manche wirken ein wenig molliger, das bedeutet aber nicht, dass sie übergewichtig sind. Andere sind klein und grazil, was aber nicht heißt, dass sie zu dünn sind.
Der Kinderarzt überprüft bei seinen regelmäßigen Kontrolluntersuchungen das Wachstum Ihres Kindes. Jede übermäßige Gewichtszu- oder -abnahme wird auf diese Weise entdeckt und Ihr Arzt kann Ihnen sagen, ob alles im normalen Bereich ist.

Die Auswahl der geeigneten Fertigmilchnahrung

Auch wenn die Hersteller gerne etwas anderes behaupten und die Besonderheiten ihres Produktes hervorheben: Alle Fertigmilchpräparate sind ähnlich und müssen strenge Gesetzesvorgaben erfüllen. Zwar unterscheiden sich die einzelnen Marken hinsichtlich einiger „Extras", allerdings ist fraglich, ob diese wirklich einen entscheidenden Vorteil bringen. Viele Gründe können die Entscheidung für oder gegen einen Milchersatz beeinflussen: ein bestimmter Markenname, der Preis oder die Verfügbarkeit. Auch wie die Nahrung verpackt ist, kann – gerade auf Reisen oder als Ergänzung zum Stillen – entscheidend sein, denn manchmal ist die Einzelverpackung vorteilhafter als die große Dose.

Fertigmilchnahrung mit dem Aufdruck „Pre" eignet sich für die ersten zwölf Monate. Die sogenannte „Folgemilch" kann ab dem sechsten Lebensmonat gegeben werden, sollte aber auch nicht früher gefüttert werden. Wenn Sie sich einmal für eine Säuglingsanfangsnahrung entschieden haben, bleiben Sie dabei – unterschiedliche Produkte haben einen unterschiedlichen Geschmack und könnten Ihrem Baby den Appetit verderben.

Die Entwöhnung von der Brust

Entwöhnung bedeutet, dass Sie seltener stillen und die Muttermilch allmählich durch andere flüssige oder feste Nahrung ersetzen. Beginnen Sie damit, wenn Sie das Gefühl haben, dass die Zeit reif dafür ist – oder wenn andere Umstände es nötig machen (etwa, weil Sie wieder anfangen zu arbeiten). Bewährt hat sich eine Kombination aus Stillen und Fertigmilchnahrung. So verlängern Sie die Stillzeit und erleichtern den Wechsel. Fällt Ihnen die Umstellung schwer, unterdrücken Sie Ihre Gefühle nicht. Reden Sie mit Ihrem Partner, einer Freundin oder Ihrer Hebamme darüber. Das hilft Ihnen bestimmt.

Wie das Abstillen abläuft, hängt von Ihrer Milchproduktion ab. Die Menge soll langsam reduziert werden, um eine Mastitis (bakterieller Infekt mit roter, geschwollener Brust und grippeartigen Symptomen) zu vermeiden. Vielleicht brauchen Sie nur wenige Tage, wenn Sie wenig Milch geben oder Ihr schon älteres Kind nicht mehr so häufig gestillt wird. Grundsätzlich sollten Sie aber mit vier bis fünf Wochen rechnen. Am besten beginnen Sie, indem Sie eine Stillmahlzeit durch eine Fertigmilchmahlzeit ersetzen. Wahrscheinlich fühlen sich Ihre Brüste zuerst geschwollen an (drücken Sie etwas Milch ab, damit dieses Gefühl verschwindet), allerdings klingt dies ab, wenn sich Ihr Körper an die geringere Nachfrage gewöhnt. Wenn sich Ihre Brüste (nach bis zu einer Woche) wieder normal anfühlen, ersetzen Sie eine weitere Stillmahlzeit durch Fertigmilchnahrung. Verfahren Sie so, bis Sie ganz abgestillt haben. Lassen Sie aber keinesfalls zwei aufeinanderfolgende Stillzeiten aus, damit Ihre Brüste nicht zu sehr anschwellen. Wenn Ihre Milchproduktion nachlässt, kann es sein, dass Sie zusätzlich zur Stillmahlzeit eine Folgemilch füttern müssen, da Sie vielleicht nicht mehr genug Milch geben.

WUSSTEN SIE SCHON, …

… dass Kinder, die gestillt wurden, ein geringeres Risiko haben, übergewichtig zu werden?

Der richtige Zeitpunkt für feste Nahrung

In den ersten sechs Monaten ist Muttermilch oder Fertigmilchnahrung alles, was Babys für ihre Gesundheit und ihr Wachstum brauchen. In der zweiten Hälfte des ersten Lebensjahrs ist dann die beste Zeit, um langsam mit der Gewöhnung an andere Lebensmittel zu beginnen. Die Entscheidung wann es so weit ist, sollte ausschließlich von Ihnen und Ihrem Kind getroffen werden. Sie werden feststellen, dass sich wohlmeinende Verwandte und Bekannte hier gern einmischen: Sie werden hören, dass ein so großes Baby wie Ihres angeblich nur durchschlafen kann, wenn Sie es an feste Nahrung gewöhnen, oder dass feste Nahrung das leichte Erbrechen nach der Mahlzeit verhindern würde, oder auch dass die Tatsache, dass Ihr Kind seine Faust in den Mund steckt, ein Zeichen sei, dass es auf mehr Hunger habe als nur auf Milch. Seien Sie beruhigt – es gibt keinen Hinweis auf die Richtigkeit dieser Behauptungen.

Jedes Baby wird mit einem sogenannten „Zungenstreckreflex" geboren, der dafür sorgt, dass alles, was Sie Ihrem Kind in den Mund stecken, mit der Zunge wieder herausgeschoben wird. Er erlaubt Babys das wirkungsvolle Saugen an der Brustwarze oder dem Sauger. Wenn Ihr Kind diesen Reflex noch nicht abgelegt hat, wird es jede feste Nahrung automatisch mit der Zunge wieder hinaus befördern. Sie glauben dann vielleicht, dass Ihr Kind feste Nahrung nicht essen mag, wobei es vielmehr so ist, dass es noch nicht essen kann.

6–8 MONATE

Die „Mahlzeiten" bekommen in dieser Phase der Ernährungsentwicklung Ihres Kindes eine ganz neue Bedeutung – feste Nahrung steht jetzt auf dem Plan. Neben zahlreichen praktischen Ratschlägen bietet Ihnen dieses Kapitel leckere Püree-Variationen – allesamt einfache und schnell zubereitete Speisen für Ihr Baby.

Die Einführung fester Nahrung

Wenn es darum geht, Ihr Baby an feste Nahrung zu gewöhnen, sollten Sie am besten mit möglichst kleinen Portionen beginnen. Vermengen Sie ein paar Reisflocken mit Milchersatz, Muttermilch oder kaltem, abgekochtem Wasser zu einer flüssigen Mischung. Denken Sie immer daran, dass Ihr Baby bisher nur an Flüssiges gewöhnt war! Füttern Sie Ihr Kind deshalb nach seiner Milchmahlzeit mit nur etwa einem halben Esslöffel dieser Mischung. Geben Sie Ihrem Kind am nächsten Tag nur wenig mehr davon und steigern Sie die Portionen an den folgenden Tagen langsam, bis das Baby zwei Esslöffel Reisflocken isst. Wenn das Füttern problemlos verläuft, können Sie auch fein zerstampftes oder püriertes Gemüse und Obst auf die gleiche Weise ausprobieren – dabei immer mit kleinen Portionen beginnen und sich langsam zu größeren Mengen hocharbeiten.

Wenn Sie neue Speisen einführen, sollten Sie Ihr Kind gut beobachten und auf allergische Reaktionen achten. Interpretieren Sie die anfängliche Ablehnung eines Gerichts durch Ihr Kind nicht als Zeichen, dass es ihm nicht schmeckt. Untersuchungen haben gezeigt, dass Babys sich eher für vertrautes Essen entscheiden, daher sollten Sie ihm neue Speisen bis zu zehn Mal anbieten, bevor Sie den Schluss ziehen können, dass Ihr Kind etwas wirklich nicht mag. Dies ist natürlich oft frustrierend, aber dennoch sollten Sie Ruhe bewahren, sodass Ihr Baby die Mahlzeiten nicht mit negativen Gefühlen verbindet.

UNGEEIGNETE LEBENSMITTEL FÜR BABYS

Neben allergenen Lebensmitteln (siehe Seite 10) gibt es weitere Nahrungsmittel, die Babys nicht gefüttert werden sollten: Nahrung, die Erstickungsanfälle auslösen kann, sollte auf alle Fälle vermieden werden, z. B. ein zu großes Stück roher Karotte, Sellerie oder Apfel, Chips, Popcorn, Wurststückchen, harte Lutscher und ganze Nüsse. Hartschaliges Obst und Gemüse kann ganz gefahrlos serviert werden, wenn es gerieben ist oder so lange gedünstet wird, bis es weich ist. Honig ist ebenfalls tabu für Babys unter zwölf Monaten, weil er Botulismus (eine bakterielle Lebensmittelvergiftung) hervorrufen kann.

PÜREES LEICHT GEMACHT

Die Tabellen unten sollen Ihnen helfen, schnell und einfach Pürees zuzubereiten – ganz gleich für welches Obst oder Gemüse Sie sich entscheiden. In der linken Spalte finden Sie jeweils die Obst- bzw. Gemüsesorten und daneben Informationen zu den Mengen, der Zubereitung und der benötigten Zeit. Sollte ein Püree zu fest sein, ist zudem die Menge an Wasser angegeben, die Sie hinzufügen können, damit es für das Baby leichter zu schlucken ist.

Fruchtpürees

ERGIBT IMMER EIN SCHÄLCHEN
(12 ESSLÖFFEL)

Für Apfel und Birne:

1 Obst und Wasser in einem mittelgroßen Kochtopf zum Kochen bringen. Hitze verringern, ohne Deckel köcheln, bis es gar ist.
2 Mischung mit Pürierstab oder Mixer fein pürieren. Geben Sie Ihrem Kind so viel von dem Püree, wie es möchte.

Für das übrige Obst gilt:

Obst mit Pürierstab oder Mixer fein pürieren. Geben Sie Ihrem Kind so viel von dem Püree, wie es möchte.

TIPP Frieren Sie restliches Püree in esslöffelgroßen Portionen in einem abgedeckten Eiswürfelbehälter ein – so hält es bis zu einem Monat.

OBST	MENGE	ZUBEREITUNG	KOCHZEIT	WASSER
Apfel	2 große (400 g)	Schälen, entkernen, grob zerkleinern	10 Minuten	2 Esslöffel
Avocado	2 kleine (400 g)	Schälen, entkernen, grob zerkleinern	-	-
Banane	2 mittelgroße (400 g)	Schälen, grob zerkleinern	-	-
Birne	1 große (330 g)	Schälen, entkernen, grob zerkleinern	20 Minuten	2 Esslöffel
Netzannone	400 g	Schälen, entkernen, grob zerkleinern	-	-
Zuckermelone	500 g	Schälen (alle grünen Partien entfernen), entkernen, grob zerkleinern	-	-

Gemüsepürees

ERGIBT IMMER EIN SCHÄLCHEN (12 ESSLÖFFEL)

Wenn Sie Gemüse pürieren, können Sie Muttermilch, Fertigmilchnahrung oder Wasser hinzugeben, um die gewünschte Konsistenz zu erhalten.

Für Kartoffel und Kürbis:

1 Gemüse dämpfen, bis es gar ist, abgießen.
2 Gemüse durch ein Sieb streichen.

Für das übrige Gemüse gilt:

Gemüse dämpfen, bis es gar ist, abgießen. Anschließend unter Zugabe der gewünschten Flüssigkeit mit einem Pürierstab oder Mixer fein pürieren. Geben Sie Ihrem Kind so viel von dem Püree, wie es möchte.

GEMÜSE	MENGE	ZUBEREITUNG	KOCHZEIT	FLÜSSIGKEIT
Blumenkohl	250 g	Strunk herausschneiden, Röschen in kleine Stückchen schneiden	8 Minuten	-
Brokkoli	250 g	Röschen in kleine Stückchen schneiden, Strunk grob zerteilen	8 Minuten	2 Esslöffel
Karotte	2 große (360 g)	Enden abschneiden, schälen, grob zerteilen	15 Minuten	2 Esslöffel
Kartoffel	2 mittelgroße (400 g)	Schälen, grob zerkleinern	20 Minuten	2 Esslöffel
Kürbis	400 g	Schälen, entkernen, grob zerkleinern	12 Minuten	-
Patisson-Kürbis	300 g	Enden abschneiden, grob zerkleinern	12 Minuten	-
Spinat	250 g	Strunk abschneiden, grob zerkleinern	8 Minuten	1 Esslöffel
Süßkartoffel	1 mittelgroße (400 g)	Schälen, grob zerkleinern	20 Minuten	1 Esslöffel
Zucchini	2 große (300 g)	Enden abschneiden, schälen, grob zerteilen	7 Minuten	-

Püree-Variationen

ERGIBT IMMER ¼ SCHÄLCHEN (3 ESSLÖFFEL)

Die Püree-Variationen auf diesen Seiten basieren auf den fertigen Obst- und Gemüsepürees der Seiten 22–23.

Kartoffel und Kürbis

Zwei Esslöffel pürierte Kartoffeln mit einem Esslöffel püriertem Kürbis mischen.

Kartoffel und Spinat

Zwei Esslöffel pürierte Kartoffeln mit einem Esslöffel püriertem Spinat mischen.

Süßkartoffel und Patisson-Kürbis

Zwei Esslöffel pürierte Süßkartoffeln mit einem Esslöffel püriertem Patisson-Kürbis mischen.

Karotte
und Brokkoli

Zwei Esslöffel pürierte Karotten
mit einem Esslöffel püriertem
Brokkoli mischen.

Karotte und Spinat

Zwei Esslöffel pürierte Karotten mit einem
Esslöffel püriertem Spinat mischen.

Apfel und Avocado

Zwei Esslöffel pürierte Äpfel mit einem
Esslöffel pürierte Avocado mischen.

Püree mit Hähnchen, Zucchini und Pastinake

ZUBEREITUNGSZEIT 10 MINUTEN KOCHZEIT 20 MINUTEN ERGIBT 2 SCHÄLCHEN

**1 Hähnchenbrustfilet (170 g),
  grob zerteilt**
**2 kleine Zucchini (180 g),
  grob zerkleinert**
**1 kleine Pastinake (120 g),
  grob zerkleinert**
310 ml Wasser

1 Zutaten in einen kleinen Kochtopf geben und zum Kochen
bringen. Ohne Deckel köcheln
lassen, bis das Gemüse weich
und das Hähnchenfleisch gar
ist.
2 Die Mischung mit dem Pürierstab oder Mixer fein pürieren.

Püree mit Rind, Karotte und Süßkartoffeln

ZUBEREITUNGSZEIT 10 MINUTEN KOCHZEIT 20 MINUTEN ERGIBT 2 SCHÄLCHEN

**150 g Rinderrumpsteak, in
  3 cm große Stücke gewürfelt**
**½ kleine Süßkartoffel (125 g),
  grob zerkleinert**
**1 große Karotte (180 g),
  grob zerkleinert**
375 ml Wasser

1 Zutaten in einen kleinen Kochtopf geben und zum Kochen
bringen. Ohne Deckel köcheln
lassen, bis das Gemüse weich
und das Rindfleisch gar ist.
2 Die Mischung mit dem Pürierstab oder Mixer fein pürieren.

Püree
mit Fisch, Kartoffeln und Spinat

ZUBEREITUNGSZEIT 10 MINUTEN
KOCHZEIT 20 MINUTEN
ERGIBT 2 SCHÄLCHEN

1 große Kartoffel (300 g), grob zerkleinert
435 ml Wasser
100 g festes weißes Fischfilet, grob zerteilt
30 g Baby-Blattspinat

1 Kartoffeln und 375 ml Wasser in einen kleinen Topf geben und zum Kochen bringen. Ohne Deckel köcheln lassen, bis die Kartoffel gar ist, anschließend in einem Sieb abtropfen lassen. Das Kochwasser in einer Schüssel auffangen.

2 Kartoffelwasser, Fisch und Spinat in den Topf geben, zum Kochen bringen. Ohne Deckel köcheln lassen, bis der Fisch gar ist, abgießen.

3 Kartoffeln durch ein Sieb in eine kleine Schüssel streichen. Fisch und Spinat mit dem Pürierstab oder Mixer fein pürieren. Fisch-Spinat-Püree mit dem restlichen Wasser und der Kartoffelmasse mischen.

TIPPS Frieren Sie restliches Püree in esslöffelgroßen Portionen in einem abgedeckten Eiswürfelbehälter ein – so hält es bis zu einem Monat.

Achten Sie darauf, dass Haut und Gräten des Fisches vor dem Kochen restlos entfernt wurden!

Apfel mit Reisbrei

ZUBEREITUNGSZEIT 10 MINUTEN (PLUS ABKÜHLZEIT) KOCHZEIT 10 MINUTEN
ERGIBT ¼ SCHÄLCHEN REISBREI, 1 SCHÄLCHEN APFELPÜREE

1 Esslöffel braunes Reismehl
250 ml Wasser
2 große Äpfel (400 g),
grob zerkleinert

1 In einem kleinen Kochtopf
Reismehl und Wasser mischen.
Unter Rühren erhitzen, bis die
Masse kocht und fester wird.
Auf Raumtemperatur abkühlen
lassen.

2 Äpfel kochen, dämpfen oder in
die Mikrowelle geben, bis sie
gar sind. Abgießen und durch
ein Sieb in eine kleine Schüssel
streichen.

3 Zum Servieren einen Esslöffel
Reisbrei mit einem Esslöffel
Apfelpüree mischen.

NICHTS WIRD SO HEISS GEGESSEN, WIE ES GEKOCHT WIRD!

Eine Mikrowelle ist eine praktische Sache, wenn Sie Speisen für Ihr Kleinkind auftauen oder erwärmen
möchten. Die Mikrowellenhitze birgt jedoch auch eine große Gefahr, daher wird empfohlen, darin keine
Fläschchen aufzuwärmen: Mikrowellen verteilen ihre Hitze in den Lebensmitteln nur sehr ungleichmä-
ßig, sodass manche Teile sehr heiß und andere wiederum nur lauwarm werden. Wenn Sie Speisen in der
Mikrowelle erwärmen, ist es deshalb sehr wichtig, sie anschließend gut durchzumischen, damit sich
die Hitze gleichmäßig verteilen kann. Danach sollten Sie IMMER die Temperatur auf Ihrer Haut testen
(mit einem sauberen Finger oder Ihrer Unterlippe) – das Essen sollte warm sein, keinesfalls heiß!

Banane mit Grießbrei

ZUBEREITUNGSZEIT 10 MINUTEN (PLUS ABKÜHLZEIT)
KOCHZEIT 5 MINUTEN
ERGIBT ⅓ SCHÄLCHEN GRIESSBREI,
2 ½ SCHÄLCHEN BANANENPÜREE

2 Teelöffel Grieß, gemahlen
80 ml Wasser
1 kleine überreife Banane (130 g)

1 In einem kleinen Topf Grieß und Wasser mischen, unter Rühren erhitzen, bis die Masse kocht und fester wird. Auf Raumtemperatur abkühlen lassen.
2 Banane durch ein Sieb in eine kleine Schüssel streichen.
3 Zum Servieren einen Esslöffel Grießbrei mit einem Esslöffel Bananenpüree mischen.

Pudding mit Eigelb

ZUBEREITUNGSZEIT 5 MINUTEN KOCHZEIT 15 MINUTEN ERGIBT ¾ SCHÄLCHEN

160 ml Milch
1 Prise gemahlener Zimt
1 Eigelb
2 Teelöffel weißer Zucker
1 Teelöffel Maismehl

1 In einem kleinen Topf Milch und Zimt zum Kochen bringen, vom Herd nehmen.
2 Eigelb, Zucker und Maismehl in einer kleinen Schüssel gut verrühren.
3 Milch über die Eigelbmischung geben und gut verrühren.
4 Mischung in denselben Kochtopf geben, unter Rühren bei kleiner Hitze köcheln lassen, bis die Masse kocht und fester wird. Vom Herd nehmen und mit Frischhaltefolie bedecken. Auf Raumtemperatur abkühlen lassen.

TIPP Es empfiehlt sich, diesen Brei erst ab dem 8. Monat zu füttern, weil er Eigelb enthält.

Halten Sie alles SAUBER!

Babys sind für Bakterien viel anfälliger als Erwachsene – nicht nur deshalb ist die Desinfektion der Fläschchen im ersten Jahr unerlässlich. Einige Hygieneregeln gelten für jegliche Nahrungszubereitung:

✳ Waschen Sie sich immer direkt vor dem Zubereiten der Mahlzeiten gründlich die Hände.

✳ Halten Sie Ihre Kochutensilien einwandfrei sauber und benutzen Sie verschiedene Schneidbretter für rohes Fleisch und die übrigen Lebensmittel. Spülen Sie sie nach Gebrauch heiß ab und lassen Sie sie gut trocknen.

✳ Bewahren Sie Speisen nicht länger als 48 Stunden auf. Ältere Speisen sind bedenklich und sollten entsorgt werden.

✳ Damit sich keine Bakterien vermehren, gehören warme Speisen nach dem Abkühlen sofort in einen flachen Behälter und in den Kühlschrank.

✳ An der Rückwand Ihres Kühlschranks ist es am kältesten, deshalb sollten Sie immer dort das abgedeckte Essen Ihres Kindes aufbewahren. Auch gehören die Fläschchen mit Muttermilch oder Fertigmilchnahrung nie ins Getränkefach in der Kühlschranktür, dort ist es nämlich am wärmsten.

✳ Wenn Sie etwas aufwärmen, bringen Sie es immer zum Kochen und lassen Sie es vor dem Essen abkühlen. Lebensmittel enthalten immer Bakterien, von denen die meisten durch das Kochen abgetötet werden. Wenn Sie zum Aufwärmen die Mikrowelle benutzen, rühren Sie danach gut um, damit das Essen nicht stellenweise zu heiß ist. In der Mikrowelle keine Fläschchen erhitzen; die Hitze verteilt sich zu unregelmäßig.

✳ Es ist absolut tabu, Hackfleisch (oder tiefgefrorene Babymahlzeiten) bei Raumtemperatur auftauen zu lassen. So würden Sie Bakterien züchten! Benutzen Sie die Mikrowelle oder tauen Sie Tiefgefrorenes im Kühlschrank auf. Dazu müssen Sie manches bereits am Vorabend in den Kühlschrank legen.

✳ Bewahren Sie bereits zubereitete Säuglingsanfangsnahrung nicht länger als 24 Stunden auf. Ist ein Fläschchen schon für eine Mahlzeit benutzt worden, werfen Sie den Rest nach einer Stunde weg.

✳ Halten Sie keine Fläschchen mehr als 10 Minuten lang warm. Für unterwegs nehmen Sie Wasser und Fertigmilchnahrung getrennt mit.

✳ Entsorgen Sie Reste von aufgewärmtem Essen immer.

✳ Hackfleisch, Geflügel und Fisch sollte für Kinder immer gut durchgebraten sein.

✳ Für Kinder unter einem Jahr ist Honig tabu, da er Botulismus hervorrufen kann.

Und unterwegs?

Manchmal mag ein Ausflug mit Baby oder Kleinkind schwierig erscheinen. Aber wenn Sie sich auf alle Eventualitäten vorbereiten, steht einem Besuch in einem Café oder in Ihrem Lieblingsrestaurant nichts im Wege.

* Wenn möglich, erledigen Sie das Füttern und den Windelwechsel unmittelbar bevor Sie aufbrechen.

* Wenn Sie am Zielort nicht stillen wollen oder können, packen Sie ein Fläschchen Muttermilch mit Kühlakkus in eine Kühltasche. Wenn Sie Fläschchen geben, nehmen Sie Wasser und Milchersatz-Päckchen (oder eine abgemessene Menge Pulver) mit, um es frisch mischen zu können, wann und wo Sie es brauchen. Bei bereits fertig gerührter Milch entsteht ein höheres Bakterienrisiko. Um für Ihr Baby eine warme Mahlzeit zubereiten zu können, fragen Sie einfach das Personal im Restaurant nach einer kleinen Menge kochendem Wasser. Oder Sie bitten einfach darum, die Flasche zu wärmen.

* Wenn Ihr Kind schon feste Nahrung zu sich nimmt, packen Sie am besten einige Snacks ein. Für Kinder ab sechs Monaten nehmen Sie trockene Kekse (versuchen Sie auch mal Grissini) oder selbst gemachten Zwieback mit – Sie werden staunen, wie hingebungsvoll selbst ein zahnloses Kind daran lutschen kann. Geben Sie Wasser oder Milch (Mutter- oder Fertigmilch) dazu. Wenn Sie selbst während des Ausflugs auch etwas essen möchten, nehmen Sie einen Löffel und ein Gläschen fertiger Babynahrung mit (diese Bequemlichkeit wirkt Wunder gegen Ihren Stresspegel). Sie können für Ihr Baby auch selbst gemachtes Essen mitnehmen, wenn es leicht gekühlt bleibt, bis es benötigt wird.

* Wenn Ihr Kind ins Kleinkindalter kommt, packen Sie einige seiner Lieblingsspeisen ein. Käse, Reiswaffeln, gedämpftes Gemüse usw. Beschränken Sie sich auf Lebensmittel, die Ihr Kind selbstständig essen kann – das wird Ihren Ausflug um einiges einfacher machen. Dies kann zwar dazu führen, dass

Ihr Kind hinterher ein bisschen verkleckert ist, aber als gute Eltern haben Sie sicher immer Tücher dabei, mit denen Sie Gesicht und Hände wieder sauber kriegen. Kleine Kinder fühlen sich groß und sind stolz, wenn man ihnen einen Milkshake anbietet (bestellen Sie eine halbe Portion und füllen Sie sie in eine mitgebrachte Kindertasse um). Als Alternative bieten sich kleine Trinkpäckchen mit Milch oder Saft an. Ihr Kind wird viel Spaß haben, während Sie genüsslich Ihren Cappuccino trinken.

* Denken Sie immer daran, dass Sie in Restaurants und Cafés auch für eine Dienstleistung zahlen, daher wird wohl kaum jemand Ihre nette Bitte abschlagen, die Babynahrung in der Mikrowelle aufzuwärmen. Hier ist allerdings ein warnendes Wort angebracht: Industrielle Mikrowellen, wie sie in den meisten Gastronomiebetrieben benutzt werden, sind weitaus leistungsfähiger als die für den Hausgebrauch. Bitten Sie also um eine kurze Aufwärmzeit und prüfen Sie die Temperatur, bevor Sie die Speisen Ihrem Kind geben.

Und jetzt: Ab nach draußen und viel Spaß!

8–12 MONATE

Wenn Ihr Kind feste Nahrung isst, ist es an der Zeit, etwas zu experimentieren: Fangen Sie an, verschiedene Konsistenzen und Geschmacksrichtungen zu testen. Die Rezepte in diesem Kapitel zeigen Ihnen, wie einfach es sein kann, neue Gerichte auszuprobieren, die den Appetit Ihres Kindes steigern.

Regen Sie zum Kauen an!

Sobald Ihr Kind verschiedene Speisen für sich entdeckt hat, sollten Sie unterschiedliche Konsistenzen testen. Füttern Sie doch einmal gekochtes Gemüse, das Sie nur ganz grob mit der Gabel zerdrückt haben. Die weichen Stückchen werden Ihr Baby zum Kauen anregen. Am Anfang kann es sein, dass Ihr Kind ein bisschen würgt oder das Essen wieder ausspuckt – dies ist jedoch nur ein Reflex, den es schon bald überwinden wird. Es macht auch nichts, wenn Ihr Baby noch keine Zähnchen hat – Säuglinge können ganz gut auf ihrem Zahnfleisch kauen.

Sobald kleine Stückchen gemeistert wurden, können Sie das Gleiche mit anderem Gemüse und weichem Obst, Brot oder Fleisch versuchen.

Das Trinken aus dem Becher

Es gibt keine Vorschrift, die besagt, dass Sie Ihrem Kind ab einem gewissen Alter das Trinken aus dem Becher beibringen müssen. Aber je früher es klappt, umso mehr Vorteile hat dies für Sie (zum Beispiel, dass Sie dann die Fläschchen loswerden).

Mit „Becher" ist jede Art von Gefäß gemeint, das keinen Sauger besitzt – sei es eine kleine Tasse oder ein Becher mit Schnabelaufsatz oder Trinkhalm.

Beginnen Sie, indem Sie Ihrem Kind eine mit nur ein paar Teelöffeln Flüssigkeit gefüllte Tasse anbieten – dabei sollten Sie die Tasse an seine Lippen halten und ein bisschen kippen. Eine normale Reaktion von Babys ist, dass sie die Flüssigkeit zwar fröhlich in den Mund nehmen, aber dann wieder alles herauslaufen lassen. Sie müssen erst lernen, ihren Mund zu schließen und zu schlucken – Ihre sanfte Hartnäckigkeit wird sich hier aber bald auszahlen. Erwarten Sie von Ihrem Kind anfangs nicht, auch nur annähernd die Menge zu trinken, die es vorher aus dem Fläschchen oder beim Stillen zu sich genommen hat – es braucht alles seine Zeit. Das Ziel sollte sein, Ihrem Kind langsam beizubringen, wie es geht. Je geduldiger Sie sind und je öfter Ihr Baby üben kann, desto schneller wird es den Dreh heraushaben.

Gemüsebrei

ERGIBT IMMER EIN SCHÄLCHEN (12 ESSLÖFFEL)

Für Spargel, Bohnen, Pastinake und Erbsen:

1 Gemüse dämpfen, bis es gar ist, abgießen.
2 Mit Pürierstab, Mixer oder Stampfer Gemüse (und Flüssigkeit) bis zur gewünschten Konsistenz zerdrücken. Geben Sie Ihrem Kind so viel von dem Brei, wie es möchte.

Für Champignons:

1 20 g Butter in einer Bratpfanne schmelzen, Pilze unter Rühren anbraten, bis sie gar sind.
2 Mit Pürierstab, Mixer oder Stampfer Pilze bis zur gewünschten Konsistenz zerdrücken. Geben Sie Ihrem Kind so viel von dem Brei, wie es möchte.

Für Weißkohl:

1 Kohl mit Brühe und Wasser in einen mittelgroßen Topf geben, unter Rühren kochen, bis der Kohl gar ist.
2 Mit Pürierstab, Mixer oder Stampfer Kohl bis zur gewünschten Konsistenz zerdrücken. Geben Sie Ihrem Kind so viel von dem Brei, wie es möchte.

Für Lauch:

1 20 g Butter in einer großen Pfanne schmelzen, Lauch unter Rühren 5 Minuten braten. Brühe zufügen, unter Rühren 5 Minuten köcheln lassen, bis Lauch gar ist.
2 Mit Pürierstab, Mixer oder Stampfer Lauch bis zur gewünschten Konsistenz zerdrücken. Geben Sie Ihrem Kind so viel von dem Brei, wie es möchte.

TIPPS Sie können Spargel, Bohnen, Pastinake und Erbsen auch kochen oder in der Mikrowelle zubereiten.

Frieren Sie restlichen Brei in einem abgedeckten Eiswürfelbehälter ein, so hält er bis zu einem Monat.

BREI LEICHT GEMACHT

Die nachfolgenden Tabellen sollen Ihnen helfen, schnell und einfach Pürees zuzubereiten – ganz gleich für welches Obst oder Gemüse Sie sich entscheiden. In der linken Spalte finden Sie jeweils die Obst- bzw. Gemüsesorten und daneben Informationen zu den Mengen, der Zubereitung und der benötigten Zeit. Sollte ein Püree zu fest sein, ist zudem die Menge an Wasser angegeben, die Sie hinzufügen können, damit es für das Baby leichter zu schlucken ist.

GEMÜSE	MENGE	ZUBEREITUNG	KOCHZEIT	FLÜSSIGKEIT
Bohnen	300 g	Enden abschneiden, grob zerteilen	10 Minuten	-
Champignons	300 g	Klein schneiden	5 Minuten	-
Erbsen (tiefgefroren)	250 g	-	5 Minuten	1 Esslöffel Wasser
Lauch	1 mittelgroßer (350 g)	Grob zerteilen	10 Minuten	125 ml salzreduzierte Gemüsebrühe
Pastinake	1 große (350 g)	Schälen, grob zerteilen	15 Minuten	2 Esslöffel Milch
Spargel	300 g	Enden abschneiden, schälen, grob zerteilen	5 Minuten	-
Weißkohl	¼ kleiner (300 g)	Klein schneiden	5 Minuten	80 ml salzreduzierte Gemüsebrühe und 80 ml Wasser

Obstbrei

ERGIBT IMMER EIN SCHÄLCHEN (12 ESSLÖFFEL)

Für Apfel und Trockenpflaume:

1 Äpfel, Trockenpflaumen und Wasser in einem Topf zum Kochen bringen. Hitze reduzieren und zugedeckt köcheln lassen, bis das Obst weich ist.

2 Mit Pürierstab, Mixer oder Stampfer Apfelmischung bis zur gewünschten Konsistenz zerdrücken. Geben Sie Ihrem Kind so viel von dem Brei, wie es möchte.

Für Heidelbeeren:

1 Heidelbeeren und Wasser in einem Topf zum Kochen bringen. Hitze reduzieren und ohne Deckel köcheln lassen, bis die Beeren weich sind.

2 Heidelbeeren durch einen Sieb streichen. Geben Sie Ihrem Kind so viel von dem Brei, wie es möchte.

Für Erdbeeren:

1 Erdbeeren und Saft in einem mittelgroßen Topf zum Kochen bringen. Hitze reduzieren und ohne Deckel köcheln lassen, bis die Beeren weich sind.

2 Erdbeeren durch einen Sieb streichen. Geben Sie Ihrem Kind so viel von dem Brei, wie es möchte.

Für das übrige Obst gilt:

1 Mit Pürierstab, Mixer oder Stampfer Obst (unter Zugabe von Flüssigkeit) bis zur gewünschten Konsistenz zerdrücken. Geben Sie Ihrem Kind so viel von dem Brei, wie es möchte.

TIPP Frieren Sie restlichen Brei in einem abgedeckten Eiswürfelbehälter ein, so hält er bis zu einem Monat.

OBST	MENGE	ZUBEREITUNG	KOCHZEIT	FLÜSSIGKEIT
Apfel und Trockenpflaume	2 große Äpfel (400 g), 55 g entkernte Trockenpflaumen	Apfel: schälen, entkernen und in dünne Scheibchen schneiden Pflaumen: grob zerteilen	15 Minuten	60 ml Wasser
Aprikose	425 g Abtropfgewicht (aus der Dose)	-	-	-
Erdbeeren	375 g	Grob zerkleinern	5 Minuten	60 ml Apfelsaft
Heidelbeeren	300 g	Grob zerkleinern	5 Minuten	2 Esslöffel Wasser
Mandarine	2 mittelgroße (400 g)	Schälen, Fasern entfernen, entkernen	-	1 Esslöffel Apfelsaft
Mango	2 kleine (600 g)	Schälen, entkernen, grob zerkleinern	-	-
Papaya	1 kleine (650 g)	Schälen, entkernen, grob zerkleinern	-	-
Pfirsich	450 g Abtropfgewicht (aus der Dose)	-	-	-
Trauben (kernlos)	250 g	Grob zerkleinern	-	-

Brei-Variationen

ERGIBT IMMER EIN ⅓ SCHÄLCHEN (4 ESSLÖFFEL)

Die Brei-Variationen auf diesen Seiten basieren auf den fertigen Obst- und Gemüsebreien der Seiten 34–35.

Gemüse und Käse

Einen Esslöffel Spargelbrei, einen Esslöffel Pastinakenbrei und einen Esslöffel Erbsenbrei mischen. Zum Schluss einen Esslöffel fein geriebenen Käse darübergeben.

Lauch und Pilze

Drei Esslöffel Lauchbrei mit einem Esslöffel Champignonbrei mischen.

Fruchtjoghurt

Einen Esslöffel Erdbeerbrei, einen Esslöffel Heidelbeerbrei und zwei Esslöffel Natur- oder Vanillejoghurt mischen.

Zuckermais und Kürbis

Zwei Esslöffel Brei aus Zuckermais mit zwei Esslöffeln püriertem Kürbis (siehe Seite 23) mischen.

Pfirsich und Aprikose

Zwei Esslöffel Aprikosenbrei mit zwei Esslöffeln Pfirsichbrei mischen.

SICHERHEIT GEHT VOR

Gemeinsame Mahlzeiten sind schön, bergen aber auch Gefahren. Neben dem Risiko von Lebensmittelallergien (siehe Seite 10) besteht immer die Gefahr, dass sich Ihr Kind verschluckt und erstickt. Babys und Kleinkinder lernen gerade erst, vor dem Schlucken zu kauen. Übermut kann dazu führen, dass sie zu große Stücke schlucken und etwas in die Luftröhre gerät.

Halten Sie sich an diese Regeln:

✳ Beobachten Sie Ihr Kind während der Mahlzeiten und stellen Sie sicher, dass es beim Essen ruhig sitzen bleibt.

✳ Vermeiden Sie rohes oder halb gekochtes Obst und Gemüse, das besonders hartschalig ist (beispielsweise Äpfel, Karotten oder Sellerie). Dämpfen oder reiben Sie diese Lebensmittel lieber vorher.

✳ Geben Sie Ihrem Kind keine Fleisch- oder Käsestückchen, bevor es nicht gründlich kauen kann. Stattdessen können Sie den Gerichten Schmelz- oder geriebenen Käse beimischen und Fleisch mit dem Pürierstab oder dem Mixer zerkleinern (gilt auch für Hackfleisch).

✳ Entfernen Sie immer Schalen, Samen und Kerne von Obst. Ebenso sollten Fleisch und Fisch stets von Knochen, Gräten und Haut befreit sein, bevor Sie es Ihrem Kind geben.

✳ Nahrung, die zu Erstickungsanfällen führen kann, wie etwa ganze Nüsse und Erbsen, Popcorn, Chips, Kaugummi, Dauerlutscher, ganze Trauben und große Wurststückchen, sollten Sie vermeiden.

Da Babys dazu neigen, alles in ihren Mund zu stecken, droht Erstickungsgefahr nicht nur beim Essen. Entfernen Sie deshalb alle kleineren Gegenstände, die Ihr Baby in Versuchung führen könnten (wie etwa Knöpfe, Münzen, Nadeln, Perlen etc.), aus der Reichweite Ihres Kindes.

Haferbrei

ZUBEREITUNGSZEIT 5 MINUTEN KOCHZEIT 10 MINUTEN
ERGIBT ½ SCHÄLCHEN

80 g Haferflocken
180 ml Milch

1 Zutaten in einem kleinen Topf zum Kochen bringen.
2 Hitze reduzieren, ohne Deckel ca. 8 Minuten köcheln lassen, bis die Flüssigkeit fast komplett eingedickt ist. Abkühlen lassen.

TIPP Wenn der Haferbrei zu zäh ist, kurz vor dem Servieren ein wenig kalte Milch zugeben.

Risoni mit gemischtem Gemüse

ZUBEREITUNGSZEIT 10 MINUTEN KOCHZEIT 20 MINUTEN

ERGIBT ⅓ SCHÄLCHEN RISONI UND 1 ½ SCHÄLCHEN GEMÜSE

1 kleine rote Paprika (150 g),
  klein geschnitten

1 große Zucchini (150 g), klein
  geschnitten

310 g Mais aus der Dose,
  abgegossen

400 g passierte Tomaten
  aus der Dose

2 Esslöffel Risoni

1 Paprika in einer leicht geölten, beschichteten Pfanne bei mittlerer Hitze unter Rühren 3 Minuten anbraten. Zucchini und Mais zugeben, unter Rühren 2 Minuten braten.

2 Die Tomaten zugeben und alles ca. 15 Minuten unter gelegentlichem Rühren kochen, bis das Gemüse gar ist. Mit Pürierstab oder Mixer fein pürieren.

3 Risoni in einem kleinen Topf in kochendem Wasser ohne Deckel kochen, bis sie gar sind, abgießen.

4 Risoni mit ca. ⅙ des Gemüsebreis servieren.

TIPP Gemüsebrei abgedeckt in kleinen Portionen einfrieren, so hält er sich bis zu einem Monat.

Cremige Käse-Polenta

ZUBEREITUNGSZEIT 5 MINUTEN
(PLUS ABKÜHLZEIT)
KOCHZEIT 15 MINUTEN
ERGIBT 1 SCHÄLCHEN

250 ml Wasser
375 ml Milch
55 g Polenta
30 g Emmentaler, grob
** gerieben**

1 Wasser und Milch in einem
kleinen Topf zum Kochen bringen. Polenta unter ständigem
Rühren einstreuen.

2 Hitze reduzieren, unter Rühren
10 Minuten köcheln lassen,
bis die Polenta fester wird.
Den Käse unterrühren, den
Topf abdecken und 10 Minuten
unter gelegentlichem Rühren
abkühlen lassen.

Süßer Couscous

ZUBEREITUNGSZEIT 10 MINUTEN
KOCHZEIT 10 MINUTEN
ERGIBT ⅓ SCHÄLCHEN

250 ml Milch
1 Esslöffel Couscous
1 Esslöffel weißer Zucker
1 Prise gemahlener Zimt

1 Zutaten in einem kleinen Topf zum Kochen bringen.
2 Hitze reduzieren, unter Rühren 10 Minuten köcheln lassen, bis die Mischung fester wird.

Rührei

ZUBEREITUNGSZEIT 3 MINUTEN KOCHZEIT 3 MINUTEN ERGIBT ⅓ SCHÄLCHEN

1 Ei
2 Esslöffel Milch
5 g Butter

1 Ei und Milch in einer kleinen
Schüssel verrühren.

2 Butter in einer kleinen Pfanne
erhitzen, Eimischung unter
Rühren bei geringer Hitze
kochen, bis das Ei stockt.

Tofu-Gemüse-Bratlinge

ZUBEREITUNGSZEIT 10 MINUTEN KOCHZEIT 10 MINUTEN ERGIBT 2 BRATLINGE

1 Esslöffel Seidentofubrei
1 Esslöffel Süßkartoffelbrei
1 Esslöffel Karottenbrei
1 Esslöffel Zucchinipüree
2 Teelöffel Reismehl

1 Zutaten in einer kleinen Schüssel vermischen, zu zwei Bratlingen formen.

2 Eine leicht geölte, beschichtete Pfanne erhitzen, Bratlinge von jeder Seite ca. 3 Minuten braten, bis sie durchgebraten und leicht gebräunt sind.

TIPP Sie können jedes Gemüse für dieses Gericht benutzen, solange Sie sicherstellen, dass es immer mindestens 3 Esslöffel Gemüsebrei ergibt.

Überbackener Ricotta mit Tomatensauce

ZUBEREITUNGSZEIT 10 MINUTEN KOCHZEIT 20 MINUTEN ERGIBT 4 PORTIONEN

400 g Ricotta
1 Esslöffel frischer Oregano, fein geschnitten
1 Esslöffel Olivenöl
1 Knoblauchzehe, gerieben
400 g gewürfelte Tomaten aus der Dose
130 g Fertig-Tomatensauce
1 Teelöffel weißer Zucker

1 Ofen auf mittlere Hitze vorheizen (160 °C). Backblech mit Backpapier auslegen.

2 Mit der Hand Käse und Oregano in einer kleinen Schüssel mischen, zu vier Bratlingen formen. Auf das Backblech setzen und mit einem halben Esslöffel Öl einstreichen. Im Backofen ca. 20 Minuten backen, bis die Bratlinge gut warm sind.

3 Das restliche Öl in einem kleinen Topf erhitzen, Knoblauch unter Rühren 1 Minute anbraten. Tomaten, Tomatensauce und Zucker zufügen, zum Kochen bringen. Hitze reduzieren, ohne Deckel unter gelegentlichem Rühren ca. 15 Minuten köcheln lassen, bis die Sauce dickflüssig wird. Sauce mit überbackenem Ricotta servieren.

TIPP Der restliche Ricotta kann für Pasta, Frittata oder auf Pizza verwendet werden.

Hähnchenleber mit Kürbis

ZUBEREITUNGSZEIT 10 MINUTEN (PLUS ABKÜHLZEIT) KOCHZEIT 15 MINUTEN
ERGIBT 2 SCHÄLCHEN

200 g Hähnchenleber
125 ml Milch
500 g Kürbis, grob zerkleinert
1 Esslöffel Olivenöl

1 In einer kleinen Schüssel Leber
   für ca. 30 Minuten in der Milch
   ziehen lassen. Milch abgießen.
   Leber in zwei Hälften teilen.

2 Kürbis kochen, dämpfen oder
   in die Mikrowelle geben, bis er
   gar ist, abgießen.

3 Öl in einer mittelgroßen Pfanne
   erhitzen, Leber bei großer Hitze darin ca. 5 Minuten braten,
   bis sie durch ist. Auf Küchenkrepp abtropfen lassen.

4 Mit Pürierstab oder Mixer
   Kürbis und Leber fein pürieren oder mit einer Gabel zerdrücken.

TIPP Wenn die Mischung zu
dickflüssig ist, so lange Wasser
zugeben, bis die gewünschte
Konsistenz erreicht ist.

Fisch in Käsesauce

ZUBEREITUNGSZEIT 5 MINUTEN KOCHZEIT 10 MINUTEN ERGIBT 1 SCHÄLCHEN KÄSESAUCE

10 g Butter
2 Teelöffel Weizenmehl
125 ml Milch
2 Esslöffel Parmesan-Käse,
  fein gerieben
30 g Seelachs-Filet
1 Esslöffel kleine Brokkoli-
  Röschen

1 Butter in einem kleinen Topf schmelzen, Mehl unter Rühren einstreuen. Kochen, bis die Mischung Bläschen bildet und eindickt. Langsam Milch zugeben, unter Rühren erwärmen, bis die Sauce kocht und dickflüssiger wird. Vom Herd nehmen, Käse unterrühren.

2 Fisch braten oder dünsten und Brokkoli kochen oder dämpfen oder in der Mikrowelle erhitzen, bis der Brokkoli gar und der Fisch durchgebraten ist, abgießen.

3 Fisch in Stückchen teilen, dabei Gräten sorgfältig entfernen. Fisch, Brokkoli und einen Esslöffel der Käsesauce in einer kleinen Schüssel anrichten.

TIPPS Die Käsesauce kann auch mit Gemüsebrei, püriertem Hühnchen oder Pasta serviert werden.

Frieren Sie die restliche Käsesauce in esslöffelgroßen Portionen in einem abgedeckten Eiswürfelbehälter ein – so hält sie bis zu einem Monat.

Süßkartoffel-Kürbiscreme-suppe

ZUBEREITUNGSZEIT 20 MINUTEN
KOCHZEIT 25 MINUTEN
ERGIBT 2 SCHÄLCHEN

1 Esslöffel Olivenöl
**1 kleine Zwiebel
(80 g), grob zerkleinert**
**1 Knoblauchzehe, grob
zerkleinert**
200 g Kürbis, grob zerkleinert
**1 kleine Süßkartoffel (250 g),
grob zerkleinert**
**125 ml salzreduzierte
Hühnerbrühe**
125 ml Milch
125 ml Wasser

1 Öl in einem kleinen Topf erhitzen, Zwiebeln und Knoblauch anbraten, bis alles weich wird. Kürbis, Süßkartoffeln und Brühe zugeben, zugedeckt bei mittlerer Hitze ca. 15 Minuten kochen, bis das Gemüse gar ist.
2 Mit Pürierstab oder Mixer Kürbismischung fein pürieren. Mit Milch und Wasser im selben Topf zum Kochen bringen. Hitze reduzieren, ohne Deckel noch ca. 5 Minuten köcheln lassen.

TIPP Frieren Sie die restliche Suppe in esslöffelgroßen Portionen in einem abgedeckten Eiswürfelbehälter ein – so hält sie bis zu zwei Monate.

12–24 MONATE

Die leckeren und einfachen Gerichte in diesem Kapitel sind nicht nur blitzschnell zubereitet, sondern auch bei Kleinkindern sehr beliebt.

Wenn Kinder wählerisch sind

Wenn Ihr Kind nur ungern isst, können Sie beruhigt sein, denn gesunde Babys und Kleinkinder können ihren Appetit perfekt einschätzen. Wenn sie hungrig sind, dann essen sie und wenn sie durstig sind, dann trinken sie.

Trotzdem sind Eltern oft unsicher, wenn ihr Kind nicht die gesamte Portion aufisst. Wir alle wollen, dass unsere Kinder gesund und aktiv leben, und wir verbringen sehr viel Zeit damit, Gerichte zuzubereiten, um dieses Ziel zu erreichen. Tatsache ist aber auch, dass man kein Kind zum Essen zwingen kann.

Kinder können sich schon ab dem neunten Monat zu sehr wählerischen Essern entwickeln. Die folgenden Tipps können Ihnen helfen, die Mahlzeiten zu erleichtern:

- Benutzen Sie eine kindgerechte Ausstattung, d. h. Gabel, Löffel, Teller, Becher, Hochstuhl und Lätzchen.

- Versuchen Sie, Mahlzeiten und Snacks immer zur selben Tageszeit einzunehmen.

- Gehen Sie mit Ihrem Baby oder Kleinkind viel an die frische Luft und sorgen Sie für ausreichend Bewegung und genug Schlaf – all das führt zu einem gesunden Appetit.

- Lehnt Ihr Kind jedes neue Gericht ab, das Sie ausprobieren möchten? Die Forschung hat gezeigt, dass sich Kinder, wenn ihnen neue Speisen immer wieder angeboten werden (bis zu zehnmal), daran gewöhnen und sie schließlich akzeptieren. Glauben Sie nicht gleich, dass Ihr Kind das neue Gericht nicht mag. Gehen Sie langsam vor und geben Sie immer nur eine neue Kostprobe.

- Besonders Kleinkinder setzen die Essensverweigerung auch dazu ein, ihren Willen durchzusetzen. Ein Kind merkt schnell, ob es damit seine Eltern erpressen kann.

- Lassen Sie die Mahlzeiten nicht zu einem Schlachtfeld werden. Das Essen mit der Familie sollte fröhlich und gesellig sein. Wenn Ihr Kleinkind nicht essen mag, nehmen Sie den Teller weg und sagen Sie ihm, dass es aufstehen darf. Die wählerische Art Ihres Kindes wird sich nicht ändern, wenn es Mahlzeiten mit Ärger und Unruhe verbindet.

- Bestechen Sie Ihr Kind nicht, indem Sie einen Nachtisch versprechen.

- Seien Sie ein Vorbild und probieren Sie auch alles. Wenn Sie Gerichte ablehnen, wird Ihr Kind es Ihnen nachtun.

Wenn Sie sich immer noch Sorgen darüber machen, ob Ihr Kind genügend isst, fangen Sie ein Mahlzeiten-Tagebuch an. Schreiben Sie alles auf, was Ihr Kind in einer Woche gegessen hat. Dann besprechen Sie Ihre Bedenken mit Ihrem Kinderarzt, er wird Ihr Kind wiegen und Ihnen gegebenenfalls Hilfe anbieten.

Pfirsich-Mango-Smoothies

ZUBEREITUNGSZEIT 5 MINUTEN ERGIBT 2 BECHER

1 kleine Mango (300 g), gefroren und grob zerkleinert
80 ml Pfirsichnektar
250 ml Milch

1 Alle Zutaten mit Pürierstab oder Mixer fein pürieren.

TIPP Sie können anstelle von Pfirsich- auch Mangonektar verwenden.

Pfannkuchen

ZUBEREITUNGSZEIT 5 MINUTEN
(PLUS ABKÜHLZEIT)
KOCHZEIT 15 MINUTEN
ERGIBT 10 PFANNKUCHEN

150 g Weizenmehl
1 Ei
300 ml Milch

1 Mehl in eine Schüssel sieben. Ei und Milch mischen und langsam unter das Mehl rühren. Abgedeckt 30 Minuten ruhen lassen und in eine Kanne umfüllen.

2 Leicht geölte, beschichtete Pfanne (Ø 14 cm) erhitzen. 2 Esslöffel Teig so in die Pfanne laufen lassen, dass der Boden bedeckt ist. Backen, bis Bläschen entstehen. Pfannkuchen wenden und goldgelb backen. Mit dem restlichen Teig wiederholen.

3 Pfannkuchen pur oder mit einem Spritzer Zitronensaft (und Zucker für den Rest der Familie) servieren.

TIPP Die restlichen Pfannkuchen können Sie einzeln in Folie verpackt einfrieren, so halten sie sich bis zu einem Monat.

Conchiglie mit Ricotta und Tomatensauce

ZUBEREITUNGSZEIT 15 MINUTEN KOCHZEIT 25 MINUTEN ERGIBT 4 PORTIONEN

1 Esslöffel Olivenöl
1 kleine Zwiebel (80 g),
    fein geschnitten
120 g Karotten, grob gerieben
1 Knoblauchzehe, gerieben
1 Esslöffel Tomatenmark
700 g Fertig-Tomatensauce
250 ml Wasser
120 g Erbsen, tiefgefroren
375 g Conchiglie-Nudeln
2 Esslöffel Petersilie, fein
    gehackt
200 g Ricotta

1 Öl in einer großen Pfanne
  erhitzen, Zwiebeln, Karotten
  und Knoblauch unter Rühren
  anbraten, bis das Gemüse
  gar ist. Tomatenmark zugeben
  und unter Rühren eine Minute
  kochen.

2 Sauce und Wasser zufügen
  und zum Kochen bringen.
  Hitze reduzieren, ohne Deckel
  15 Minuten köcheln lassen.
  Erbsen zugeben, 5 Minuten
  weiter köcheln lassen, bis die
  Sauce eindickt.

3 Nudeln in einem großen Topf
  bissfest kochen, abgießen.

4 Tomatensauce, Nudeln und
  Petersilie in einer großen
  Schüssel mischen. Auf Schälchen verteilen und Ricotta
  darübergeben.

TIPP Die restliche Pasta kann
bis zu drei Monate tiefgefroren
aufbewahrt werden.

Linsen-bratlinge

ZUBEREITUNGSZEIT 20 MINUTEN

KOCHZEIT 20 MINUTEN

ERGIBT 12 BRATLINGE

50 g rote Linsen

**1 mittelgroße Kartoffel (200 g),
  grob zerkleinert**

30 g Erbsen, tiefgefroren

**½ kleine Karotte (35 g),
  grob gerieben**

**½ kleine Zwiebel (40 g), fein
  gehackt**

50 g Paniermehl

1 Linsen in einem kleinen Topf
  ohne Deckel ca. 10 Minuten
  kochen, bis sie weich sind,
  abgießen.

2 Kartoffeln und Erbsen kochen,
  dämpfen oder in der Mikrowelle erhitzen, bis sie gar
  sind, abgießen. Kartoffeln und
  Erbsen in einer Schüssel zerstampfen.

3 Linsen mit Karotten, Zwiebeln
  und 25 g Paniermehl zum Kartoffelbrei geben, mit der Hand
  vermischen und zu 12 Bratlingen formen.

4 Bratlinge im restlichen Paniermehl wälzen und in einer
  leicht geölten, beschichte-
  ten Pfanne ca. 10 Minuten
  anbraten, bis die Bratlinge
  gut durchgebraten und auf
  beiden Seiten goldgelb sind.

Gemüse-
Eierkuchen

ZUBEREITUNGSZEIT 15 MINUTEN

KOCHZEIT 10 MINUTEN

ERGIBT 4 EIERKUCHEN

1 Esslöffel Olivenöl

60 g Kartoffeln, grob gerieben

2 Esslöffel rote Paprika,
fein geschnitten

2 Esslöffel Pilze,
fein geschnitten

2 Eier, leicht geschlagen

1 Esslöffel Emmentaler,
grob gerieben

1 Öl in einer Pfanne erhitzen,
Kartoffeln unter Rühren
anbraten, bis sie gar sind.
Paprika und Pilze zugeben,
unter Rühren anbraten, bis
die Paprika weich ist. 10 Minuten abkühlen lassen.

2 Kartoffelmischung in einer
kleinen Schüssel mit Eiern
und Käse verrühren.

3 In eine leicht geölte, beschichtete Pfanne vier Eierkuchen
setzen. Bei geringer Hitze
5 Minuten braten. Mit einem
Pfannenwender wenden und
braten, bis die Eierkuchen fest
sind.

Gefüllte Kartoffeln

ZUBEREITUNGSZEIT 15 MINUTEN
KOCHZEIT 20 MINUTEN
ERGIBT 12 KARTOFFELN

12 Babykartoffeln (480 g)
1 Teelöffel Olivenöl
½ kleine Zwiebel (40 g),
    fein geschnitten
½ kleine Karotte (35 g),
    grob gerieben
100 g Hühnerhackfleisch
125 ml Tomatenpüree
1 Esslöffel Parmesan, grob
    gerieben

1. Kartoffeln kochen, dämpfen oder in der Mikrowelle zubereiten, bis sie gar sind, abgießen.
2. Öl in einer kleinen Pfanne erhitzen, Zwiebeln unter Rühren anbraten, bis sie weich sind. Karotten und Hackfleisch zugeben und unter Rühren 5 Minuten anbraten, bis das Fleisch gar ist.
3. Tomatenpüree zufügen, zum Kochen bringen. Hitze reduzieren und das Ganze ohne Deckel ca. 5 Minuten köcheln lassen, bis die Flüssigkeit verdampft ist.
4. Von den Kartoffeln ein flaches Stück abschneiden und mit einem Teelöffel ca. zwei Drittel der Kartoffeln aushöhlen. Füllung auf die Kartoffeln verteilen und mit Käse bestreuen.

TIPP Aus dem ausgehöhlten Kartoffelteig lässt sich wunderbar ein bisschen Kartoffelbrei machen.

VEGETARISCHE FÜLLUNG

Einen Teelöffel Olivenöl in einer kleinen Pfanne erhitzen, eine grob geriebene kleine Zucchini (90 g) und 3 grob geriebene gelbe Patisson-Kürbisse (90 g) unter Rühren anbraten, bis alles gar ist. 80 ml Milch zugeben und zum Kochen bringen. Hitze reduzieren, ohne Deckel ca. 5 Minuten köcheln lassen, bis die Flüssigkeit verdampft ist. 2 Esslöffel grob geriebenen Emmentaler unterrühren.

Mini-Frikadellen

ZUBEREITUNGSZEIT 15 MINUTEN
KOCHZEIT 30 MINUTEN
ERGIBT 30 FRIKADELLEN

500 g Rinderhackfleisch
1 kleine Karotte (70 g),
grob gerieben
1 kleine Zucchini (90 g),
grob gerieben
½ kleine Zwiebel (40 g),
grob gerieben
35 g Paniermehl
1 Esslöffel Tomatensauce
2 Teelöffel Sojasauce
1 Esslöffel Olivenöl
FÜR DIE WÜRZIGE SAUCE
2 Esslöffel Tomatensauce
2 Esslöffel Barbecuesauce
2 Teelöffel Sojasauce
2 Teelöffel Worcestershiresauce
1 Knoblauchzehe, gerieben
60 ml Wasser

1 Backofen auf mittlere Hitze
vorheizen (180 °C).

2 Mit der Hand Hackfleisch,
Karotten, Zucchini, Zwiebeln,
Paniermehl und Saucen in
einer großen Schüssel mischen.
Esslöffelgroße Portionen zu
kleinen Kugeln formen.

3 Zutaten für die würzige Sauce in
einer kleinen Schüssel mischen.

4 Öl in einer großen beschichte-
ten Pfanne erhitzen, Frikadellen
portionsweise anbraten, bis sie
auf allen Seiten goldgelb sind.
In eine flache Backform legen
und Sauce darüber geben. Im
Ofen ca. 20 Minuten backen,
bis die Frikadellen gar sind.

TIPPS Um eine glutenfreie Mahlzeit zuzubereiten, einfach das
Paniermehl durch gekochten Reis
ersetzen.

Rohe Frikadellen lassen sich
tiefgefroren bis zu zwei Monate
aufbewahren.

Anstelle von Rindfleisch können
Sie auch Hühner-, Schweine-
oder Lammhackfleisch ver-
wenden.

Einfacher **Lamm-Bohnen-Eintopf**

ZUBEREITUNGSZEIT 15 MINUTEN KOCHZEIT 120 MINUTEN ERGIBT 3 SCHÄLCHEN

- 2 Teelöffel Olivenöl
- 1 Knoblauchzehe, gerieben
- 1 kleine Zwiebel (80 g), grob zerkleinert
- 1 kleine Karotte (70 g), fein geschnitten
- 1 Stange Sellerie (100 g), fein geschnitten

- 250 g Lammschulter, in Würfel geschnitten
- 500 ml Hühnerbrühe
- 400 g gewürfelte Tomaten aus der Dose
- 300 g gemischte Bohnen aus der Dose, abgegossen
- 1 Esslöffel frische Petersilie, fein gehackt

1 Öl in einem mittelgroßen Topf erhitzen, Knoblauch, Zwiebeln, Karotten und Sellerie unter Rühren anbraten, bis die Zwiebeln weich sind.

2 Lamm, Brühe und Tomaten zugeben und zum Kochen bringen. Hitze reduzieren, zugedeckt eine Stunde köcheln lassen. Bohnen zufügen, ohne Deckel ca. 60 Minuten köcheln lassen, bis das Lamm gar ist. Petersilie unterrühren.

TIPP Frieren Sie den restlichen Eintopf in einem geschlossenen Behälter ein – so hält er sich bis zu drei Monate.

GERICHTE FÜR DIE GANZE FAMILIE

Gerichte, die sowohl Erwachsenen als auch Kindern schmecken, sind für alle ein Segen. Daher sind die Rezepte in diesem Kapitel mit ihren Geschmacksrichtungen, Zutaten und der Intensität der Würze so angelegt, dass sie für alle Familienmitglieder geeignet sind. Am Ende einiger Rezepte finden Sie zusätzlich einen „Kinder-Tipp", der verrät, wie Sie die Gerichte für Kleinkinder abwandeln können.

Gegrilltes Hähnchen mit grünen Bohnen auf asiatische Art

ZUBEREITUNGSZEIT 15 MINUTEN (PLUS ABKÜHLZEIT) KOCHZEIT 20 MINUTEN ERGIBT 4 PORTIONEN

1 Esslöffel Sojasauce
2 Esslöffel Hoisinsauce
2 Esslöffel Limettensaft
10 g frischer Ingwer, gerieben
1 Knoblauchzehe, gerieben
6 Hähnchenschenkelfilets (660 g), halbiert
400 g grüne Bohnen
2 Teelöffel Erdnussöl
2 Frühlingszwiebeln, in dünne Ringe geschnitten
2 Esslöffel Austernsauce

1 Soja- und Hoisinsauce, Limettensaft, Ingwer und Knoblauch in einer Schüssel mischen. Hähnchen zugeben und so lange wenden, bis es von allen Seiten gut mit Marinade bedeckt ist. Abgedeckt eine Stunde in den Kühlschrank stellen.

2 Hähnchen in einer geölten Grillpfanne oder auf dem Grill backen, bis es gar ist.

3 Bohnen kochen, dämpfen oder in die Mikrowelle geben, bis sie bissfest sind, abgießen. Öl in einer mittelgroßen Pfanne erhitzen, Bohnen und Zwiebeln mit Austernsauce unter Rühren darin gut anbraten.

4 Hähnchen mit Bohnen und nach Wunsch mit Duftreis servieren.

Frittata mit Brokkoli und Käse an Tomatensalat

ZUBEREITUNGSZEIT 15 MINUTEN KOCHZEIT 30 MINUTEN ERGIBT 4 PORTIONEN

400 g Brokkoli
120 g Emmentaler, grob
   gerieben
40 g Parmesan, grob gerieben
7 Eier
80 ml Sahne
FÜR DEN TOMATENSALAT
500 g Kirschtomaten, halbiert
200 g gelbe Tomaten, halbiert
1 Handvoll Babybasilikumblätter
2 Esslöffel Balsamico-Essig
1 Esslöffel Olivenöl

1 Ofen auf mittlere Hitze vorheizen (180 °C). Eine rechteckige
   Auflaufform (20 x 30 cm) einfetten.

2 Brokkolistrünke abschneiden, Röschen längs in dünne
   Streifen schneiden. Brokkoli
   in einen Topf mit kochendem
   Wasser geben, aufkochen und
   abgießen. Unter kaltem Wasser abschrecken. Mit Küchenkrepp trocken tupfen.

3 Brokkoli und Käse in die
   Form schichten, darüber die
   Mischung aus Eiern und Sahne
   gießen. Bei mittlerer Hitze ca.
   25 Minuten im Ofen überba-
   cken, bis die Frittata fest wird.
   5 Minuten abkühlen lassen.

4 Zutaten für den Tomatensalat
   in einer mittelgroßen Schüssel
   mischen.

5 Frittata mit dem Salat servieren.

KINDER-TIPP Geben Sie über
die Salatportion von Kleinkindern
keine Vinaigrette.

Gebratene Hähnchenbrust
mit Kartoffelbrei und frischem Mais

ZUBEREITUNGSZEIT 20 MINUTEN KOCHZEIT 45 MINUTEN ERGIBT 4 PORTIONEN

1,6 kg Hähnchen
30 g weiche Butter
1 Teelöffel frischer Thymian, fein gehackt
2 Teelöffel fein geriebene Schale von einer unbehandelten Zitrone
3 Maiskolben (750 g), geviertelt

FÜR DEN KARTOFFELBREI
800 g Kartoffeln, grob zerkleinert
160 ml warme Milch
20 g Butter

1 Ofen auf große Hitze vorheizen (220 °C).

2 Mit einer Küchenschere Hähnchen beidseits des Rückgrats aufschneiden, Rückgratknochen entfernen. Hähnchen mit der Hautseite nach oben auf die Arbeitsplatte legen, mit dem Handballen so lange auf das Brustbein drücken, bis das Hähnchen flach ist.

3 Butter, Thymian und Zitronenschale in einer kleinen Schüssel mischen. Haut vom Hähnchen anlösen, indem man am Halswirbel mit den Fingern zwischen Haut und Fleisch gleitet. Buttermischung unter der Haut verteilen.

4 Hähnchen auf einen leicht gefetteten Grillrost in einen flachen Bräter legen, ohne Deckel bei großer Hitze ca. 45 Minuten braten, bis das Hähnchen gar ist.

5 Kartoffelbrei zubereiten (siehe unten). Mais kochen, dünsten oder in der Mikrowelle zubereiten, bis er gar ist, abgießen.

6 Hühnchen mit Mais und Kartoffelbrei servieren.

Kartoffelbrei Die Kartoffeln kochen, dünsten oder in der Mikrowelle zubereiten, bis sie gar sind, abgießen. In einer großen Schüssel die Kartoffeln zusammen mit Milch und Butter zerstampfen.

KINDER-TIPP Die Maiskörner von einem Maiskolbenviertel entfernen und zusammen mit einem kleinen Stück Hähnchenfleisch zerkleinern. Mit einigen Esslöffeln Kartoffelbrei servieren.

Überbackene **Makkaroni** mit **Speck** und **Spinat**

ZUBEREITUNGSZEIT 20 MINUTEN KOCHZEIT 50 MINUTEN ERGIBT 6 PORTIONEN

375 g Makkaroni

**300 g Spinat, geputzt
und geschnitten**

**1 mittelgroße Zwiebel (150 g),
fein geschnitten**

**4 Speckstreifen (280 g), ohne
Schwarte, fein geschnitten**

50 g Butter

50 g Weizenmehl

1 l heiße Milch

**180 g Emmentaler, grob
gerieben**

35 g Paniermehl

1 Ofen auf mittlere Hitze vorheizen (200 °C).

2 Nudeln in einem großen Topf kochen, bis sie bissfest sind, abgießen.

3 Spinat dämpfen oder in der Mikrowelle zubereiten, bis er weich ist, abgießen. Unter kaltem Wasser abspülen und so viel Flüssigkeit wie möglich aus dem Spinat herausdrücken, grob schneiden.

4 Zwiebeln und Speck unter Rühren in einem mittelgroßen Topf anbraten, bis die Zwiebeln weich sind. In eine große Schüssel umfüllen.

5 Butter im selben Topf schmelzen, Mehl zufügen. Unter Rühren erhitzen, bis die Masse eindickt und Bläschen bildet. Milch langsam zugeben, weiterrühren, bis die Mischung kocht und eindickt. Vom Herd nehmen und Käse unterrühren.

6 Nudeln, Spinat und Käsesauce zur Zwiebelmischung geben. In eine gefettete, flache Auflaufform geben und Paniermehl darüberstreuen.

7 Ca. 30 Minuten im Ofen backen, bis der Käse goldbraun ist.

Rind mit Hokkiennudeln aus dem Wok

ZUBEREITUNGSZEIT 15 MINUTEN KOCHZEIT 15 MINUTEN ERGIBT 4 PORTIONEN

2 Esslöffel Erdnussöl

2 Eier, leicht geschlagen

400 g dünne Hokkiennudeln

2 Knoblauchzehen, gerieben

600 g Rinder-Rumpsteak, in
dünne Streifen geschnitten

60 ml Ketjap Manis
(süße Sojasauce)

1 Esslöffel Fischsauce

1 Esslöffel Austernsauce

120 g Sojasprossen

100 g Enokitake-Pilze,
ohne Stiele

150 g Austernpilze,
grob zerkleinert

4 Frühlingszwiebeln, in dicke
Scheiben geschnitten

1 Einen Esslöffel Öl im Wok
erhitzen, Eier bei mittlerer
Hitze stocken lassen, dabei
Wok ständig so drehen, dass
ein dünnes Omelett entsteht.
Auf einer Arbeitsplatte abkühlen lassen und zu einer fingerdicken Rolle drehen, in dünne
Streifen schneiden.

2 Nudeln in einer hitzebestän-
gen Schüssel mit kochendem
Wasser übergießen. Nudeln
mit einer Gabel auseinander-
zupfen, abgießen.

3 Nochmals einen Esslöffel Öl im
Wok erhitzen, Knoblauch und
Steaks portionsweise anbra-
ten, bis das Rindfleisch gar ist.
Rind gemeinsam mit Nudeln,
Saucen, Sprossen, Pilzen und
Zwiebeln im Wok anbraten, bis
das Gemüse gar ist. Vom Herd
nehmen, Omelettstreifen unter-
mischen.

KINDER-TIPP Verzichten Sie
eventuell auf die Zwiebeln und
schneiden Sie das Rind für ein
Kleinkind in kleinere Stücke.

Thai-Hähnchen auf Salatblatt

ZUBEREITUNGSZEIT 15 MINUTEN
KOCHZEIT 15 MINUTEN
ERGIBT 4 PORTIONEN

1 Esslöffel Erdnussöl
700 g Hühnerhackfleisch
1 kleine rote Paprika (150 g),
    fein geschnitten
150 g Pilze, fein geschnitten
1 Knoblauchzehe, gerieben
3 Frühlingszwiebeln,
    fein geschnitten
2 Esslöffel Austernsauce
2 Esslöffel Sojasauce
2 Esslöffel Hoisinsauce
1 Teelöffel Sesamöl
160 g Sojasprossen
100 g Nudeln, knusprig
    gebraten
8 große Blätter Eisbergsalat
Zusätzlich:
2 Frühlingszwiebeln,
    in dünne Ringe geschnitten

1 Erdnussöl im Wok erhitzen, Hähnchen anbraten, bis das Fleisch hell wird.
2 Paprika, Pilze und Knoblauch zugeben, anbraten, bis das Gemüse langsam weich wird.
3 Zwiebeln, Saucen und Sesamöl zugeben und alles braten, bis das Hähnchen gar ist. Vom Herd nehmen, Sprossen und Nudeln unterrühren.
4 Salatblätter auf Teller verteilen. Hähnchen und Gemüse darauf anrichten, mit Zwiebelscheiben garnieren.

KINDER-TIPP Nehmen Sie ein kleines Salatblatt, geben Sie Hähnchen und Gemüse darauf und verzichten Sie auf die Zwiebelgarnitur. Rollen Sie das Ganze zu kleinen festen, fingerdicken Röllchen. So kann Ihr Kind das Gericht mit den Fingern essen!

Minestrone mit Fleischbällchen

ZUBEREITUNGSZEIT 40 MINUTEN KOCHZEIT 35 MINUTEN ERGIBT 4 PORTIONEN

400 g Schweinehackfleisch

1 Teelöffel edelsüßes
   Paprikapulver

1 Ei, leicht geschlagen

1 mittelgroße Zwiebel (150 g),
   fein geschnitten

70 g Tomatenmark

2 Esslöffel Olivenöl

2 Knoblauchzehen, gerieben

2 Karotten (240 g), in etwa
   1 cm große Stücke gewürfelt

1 Selleriestange, in etwa
   1 cm große Stücke gewürfelt

850 g gewürfelte Tomaten
   aus der Dose

500 ml Hühnerbrühe

500 ml Wasser

2 große Zucchini (300 g),
   in etwa 1 cm große Stücke
   gewürfelt

400 g Bohnen aus der Dose,
   abgegossen

110 g Risoni

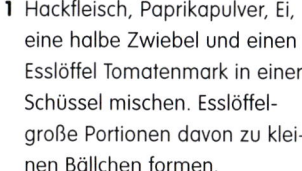

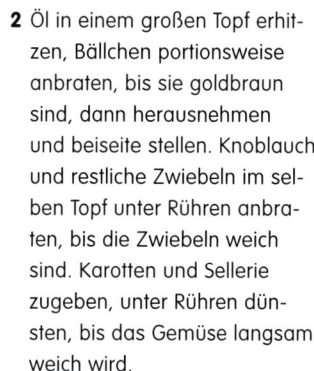

1 Hackfleisch, Paprikapulver, Ei,
eine halbe Zwiebel und einen
Esslöffel Tomatenmark in einer
Schüssel mischen. Esslöffelgroße Portionen davon zu kleinen Bällchen formen.

2 Öl in einem großen Topf erhitzen, Bällchen portionsweise
anbraten, bis sie goldbraun
sind, dann herausnehmen
und beiseite stellen. Knoblauch
und restliche Zwiebeln im selben Topf unter Rühren anbraten, bis die Zwiebeln weich
sind. Karotten und Sellerie
zugeben, unter Rühren dünsten, bis das Gemüse langsam
weich wird.

3 Restliches Tomatenmark in den
Topf geben und unter Rühren
eine Minute köcheln lassen.
Tomaten, Brühe und Wasser
zufügen, zum Kochen bringen.

4 Zucchini, Bohnen, Risoni und
Fleischbällchen zugeben, zum
Kochen bringen. Hitze reduzieren, zugedeckt ca. 15 Minuten
köcheln lassen, bis die Fleischbällchen gar sind.

KINDER-TIPP Pürieren Sie ein
Fleischbällchen zusammen mit
einer Kinderportion Suppe.

Nudel-Würstchen-Auflauf

ZUBEREITUNGSZEIT 15 MINUTEN KOCHZEIT 45 MINUTEN ERGIBT 6 PORTIONEN

6 breite Rinderbratwürste
  (480 g)

375 g Penne

1 Esslöffel Olivenöl

1 mittelgroße Zwiebel (150 g),
  fein geschnitten

1 kleine rote Paprika (150 g),
  grob zerkleinert

1 kleine gelbe Paprika (150 g),
  grob zerkleinert

1 große Zucchini (150 g), in
  dünne Scheiben geschnitten

200 g Pilze, geviertelt

1 gehäufter Esslöffel frisches
  Basilikum, gehackt

700 g Fertig-Tomatensauce

100 g Mozzarella, grob zerteilt

40 g Parmesan, grob gerieben

1 Ofen auf mittlere Hitze vorheizen (200 °C).

2 Würstchen in einer großen
   Pfanne braten, bis sie gar sind.
   In etwa 1 cm dicke Scheiben
   schneiden.

3 Nudeln in einem großen Topf
   kochen, bis sie bissfest sind,
   abgießen.

4 Öl in einer Pfanne erhitzen,
   Zwiebeln, Paprika und Zucchini
   unter Rühren darin anbraten,
   bis das Gemüse gar ist. Pilze,
   Basilikum und Tomatensauce
   zugeben, zum Kochen bringen.
   Hitze reduzieren, ohne Deckel
   5 Minuten köcheln lassen.

5 Nudeln in einer großen Schüssel mit Würstchen, Gemüse
   und 50 g Mozzarella mischen.

6 In eine flache Auflaufform
   geben, restlichen Käse darüber
   streuen. Im Ofen ca. 25 Minuten backen, bis der Käse goldbraun ist.

KINDER-TIPP Die Kinderportion
des Auflaufs in mundgerechte
Stückchen teilen.

Hühnersuppe mit Gemüse

ZUBEREITUNGSZEIT 10 MINUTEN KOCHZEIT 20 MINUTEN ERGIBT 4 PORTIONEN

2 Teelöffel Pflanzenöl

**2 Frühlingszwiebeln,
in dünne Ringe geschnitten**

1 Knoblauchzehe, gerieben

500 ml Hühnerbrühe

560 ml Wasser

350 g Hühnerhackfleisch

1 Esslöffel Maismehl

**1 Dose Mais-Sahnemischung
(300 g)**

160 g frischer Mais

**100 g Zuckererbsen, Enden
und Spitzen entfernt,
dünn geschnitten**

1 Ei, leicht geschlagen

1 Öl in einem großen Topf erhitzen, Zwiebeln und Knoblauch unter Rühren darin anbraten, bis die Zwiebeln weich sind. Brühe und 500 ml Wasser zugießen, zum Kochen bringen. Hackfleisch zugeben, Hitze reduzieren, unter Rühren mindestens 5 Minuten köcheln lassen, bis das Hähnchen gar ist.

2 Maismehl in einem Kännchen unter das restliche Wasser rühren, zusammen mit Mais und Erbsen in den Topf geben. Unter Rühren aufkochen, weiterkochen bis die Suppe eindickt. Kurz vor dem Servieren Ei langsam unterrühren.

KINDER-TIPP Pürieren Sie die Kinderportion, bevor Sie das Ei hinzugeben.

Maispuffer mit Speck

ZUBEREITUNGSZEIT 15 MINUTEN KOCHZEIT 20 MINUTEN ERGIBT 4 PORTIONEN

**4 Speckstreifen (280 g), ohne
Schwarte, fein geschnitten**

**320 g frischer Mais
(entspricht 2 Maiskolben)**

**2 Frühlingszwiebeln,
in feine Ringe geschnitten**

100 g Weizenmehl

½ Teelöffel Natron

160 ml Buttermilch

2 Eier

**125 g Mais-Sahnemischung aus
der Dose**

125 ml süße Chilisauce

1 Speck in einer großen be-
schichteten Pfanne knusprig
braten. Frischen Mais und
Zwiebeln zugeben, unter
Rühren 2 Minuten anbraten.
Vom Herd nehmen.

2 Mehl und Natron in eine
Schüssel sieben. Eine Kuhle in
die Mitte der Mehlmischung
drücken, Milch und Eier langsam unterrühren, bis der Teig
glatt ist. Speckmischung und
Sahne-Mais unterrühren.

3 Teig portionsweise in eine heiße, eingeölte Pfanne geben.
Mit einem Pfannenwender
den Teig zu runden Puffern

formen. Immer zwei Puffer
gleichzeitig 2 Minuten von
jeder Seite goldbraun braten.
Puffer aus der Pfanne nehmen
und abgedeckt warm stellen.
Vorgang mit restlichem Teig
wiederholen.

4 Puffer auf Teller verteilen und
mit süßer Chilisauce servieren.

KINDER-TIPP Geben Sie Ihrem
Kleinkind einen kleineren Puffer
mit Tomatensauce anstelle der
süßen Chilisauce.

Risotto mit Zucchini, Erbsen und Minze

ZUBEREITUNGSZEIT 20 MINUTEN KOCHZEIT 45 MINUTEN ERGIBT 4 PORTIONEN

1 l Hühnerbrühe
500 ml Wasser
40 g Butter
2 große Zucchini (300 g),
  halbiert und in dünne
  Scheiben geschnitten
1 Knoblauchzehe, gerieben
1 kleine Zwiebel (80 g),
  fein geschnitten

400 g Arborio-Reis
240 g tiefgefrorene Erbsen,
  aufgetaut
25 g Parmesan, grob gerieben
1 Esslöffel frische Minze, fein
  gehackt

1 Brühe und Wasser in einen mittelgroßen Topf geben, zum Kochen bringen. Hitze reduzieren, zugedeckt köcheln lassen.

2 Butter in einem großen Kochtopf schmelzen, Zucchini und Knoblauch unter Rühren anbraten, bis die Zucchini bissfest sind, aus dem Topf nehmen.

3 Zwiebeln im selben Topf unter Rühren anbraten, bis sie weich sind. Reis zugeben und umrühren. Ca. 250 ml der köchelnden Hühnerbrühe unterrühren, bei niedriger Hitze unter Rühren kochen, bis die Flüssigkeit absorbiert ist. Mit der restlichen Hühnerbrühe Vorgang wiederholen. Die gesamte Kochzeit sollte ca. 35 Minuten betragen, bis der Reis bissfest ist.

4 Zucchinimischung und Erbsen langsam in den Risotto rühren, ohne Deckel kochen, bis die Erbsen gar sind. Vom Herd nehmen, Käse und Minze unterrühren.

Spinat-Kartoffelgratin à la Bolognese

ZUBEREITUNGSZEIT 25 MINUTEN

KOCHZEIT 70 MINUTEN

ERGIBT 6 PORTIONEN

Bei diesem Rezept können Sie übrig gebliebene Bolognese-Sauce verarbeiten. Sie benötigen etwa 700 ml.

1 Esslöffel Olivenöl

**1 kleine Zwiebel (80 g),
fein geschnitten**

3 Knoblauchzehen, gerieben

250 g Rinderhackfleisch

**1 kleine Karotte (70 g),
grob gerieben**

**1 kleine rote Paprika (150 g),
fein geschnitten**

**50 g Pilze, in dünne Scheiben
geschnitten**

2 Esslöffel Tomatenmark

**425 g passierte Tomaten
aus der Dose**

**300 g Spinat, geputzt
und geschnitten**

5 mittelgroße Kartoffeln (1,2 kg)

40 g Butter

2 Eier, leicht geschlagen

50 g Mozzarella, grob zerteilt

1 Öl in einem Topf erhitzen, Zwiebeln und eine Knoblauchzehe anbraten, bis die Zwiebeln weich sind. Hackfleisch, Karotten, Paprika und Pilze zugeben und braten, bis das Fleisch hell wird.

2 Tomatenmark und Tomaten zugeben, zum Kochen bringen. Hitze reduzieren, ohne Deckel ca. 30 Minuten köcheln lassen, bis die Sauce eindickt. Spinat unter die Bolognese-Sauce rühren.

3 Ofen auf mittlere Hitze vorheizen (200 °C).

4 Kartoffeln kochen, dämpfen oder in die Mikrowelle geben, bis sie gar sind, abgießen. In einer großen Schüssel zusammen mit Butter, restlichen Knoblauchzehen und Eiern fein zerstampfen.

5 Die Hälfte des Kartoffelbreis auf dem Boden und an den Seiten einer Auflaufform (1,5 l) verteilen. Bolognese-Sauce darüber gießen. Mit restlichem Kartoffelbrei eine weitere Schicht bilden. Mit Käse bestreuen.

6 Gratin ca. 30 Minuten im Ofen goldbraun backen.

Kartoffelsuppe
mit Speck

ZUBEREITUNGSZEIT 15 MINUTEN
KOCHZEIT 25 MINUTEN
ERGIBT 4 PORTIONEN

40 g Butter
**1 mittelgroße Zwiebel (150 g),
    fein geschnitten**
1 Knoblauchzehe, gerieben
**4 Speckstreifen (280 g), ohne
    Schwarte, grob geschnitten**
35 g Weizenmehl
500 ml Hühnerbrühe
500 ml Milch
**3 mittelgroße Kartoffeln (600 g),
    grob zerkleinert**
125 g Sahne
**2 Esslöffel frischer Schnittlauch,
    fein gehackt**

1 Butter in einem großen Topf erhitzen, Zwiebeln, Knoblauch und Speck unter Rühren anbraten, bis die Zwiebeln weich sind.

2 Mehl zugeben, unter Rühren anbraten, bis die Masse eindickt und Bläschen bildet. Brühe und Milch langsam zufügen, weiterrühren, bis die Mischung kocht und eindickt.

3 Kartoffeln unterrühren, zum Kochen bringen. Hitze reduzieren, zugedeckt ca. 20 Minuten köcheln lassen, bis die Kartoffeln gar sind. Sahne und Schnittlauch unterrühren.

KINDER-TIPP Pürieren Sie die Kinderportion, bevor Sie den Schnittlauch zugeben.

Hähnchenkeulen mit Honig und Soja an Bratreis

ZUBEREITUNGSZEIT 15 MINUTEN (PLUS ABKÜHLZEIT) KOCHZEIT 40 MINUTEN ERGIBT 4 PORTIONEN

Für dieses Rezept müssen Sie einen Tag vorher 600 g weißen Langkornreis kochen.

90 ml Sojasauce

90 g Honig

8 Hähnchenkeulen (1,2 kg)

2 Teelöffel Pflanzenöl

2 Eier, leicht geschlagen

4 Speckstreifen (280 g), ohne Schwarte, grob geschnitten

1 mittelgroße Zwiebel (150 g), fein geschnitten

1 Stange Sellerie (100 g), grob zerkleinert

600 g weißer Langkornreis, gekocht

80 g tiefgefrorene Maiskörner, aufgetaut

60 g tiefgefrorene Erbsen, aufgetaut

2 Frühlingszwiebeln, in feine Ringe geschnitten

1 80 ml Sojasauce und Honig in einer Schüssel mischen. Hähnchen zugeben und so lange wenden, bis es von allen Seiten gut mit Marinade bedeckt ist. Zugedeckt drei Stunden oder über Nacht in den Kühlschrank stellen.

2 Ofen auf mittlere Hitze vorheizen (180 °C).

3 Mariniertes Hähnchen in eine flache Backform legen, ca. 40 Minuten im Ofen backen, bis das Hähnchen gar ist. Dabei gelegentlich wenden.

4 ½ Teelöffel Öl im Wok erhitzen, ein Ei bei mittlerer Hitze stocken lassen, dabei Wok ständig so drehen, dass ein dünnes Omelett entsteht. Auf einer Arbeitsplatte abkühlen lassen und zu einer fingerdicken Rolle drehen, in dünne Streifen schneiden. Mit restlichem Ei Vorgang wiederholen.

5 Restliches Öl im Wok erhitzen, Speck, Zwiebeln und Sellerie darin anbraten, bis die Zwiebeln weich sind. Reis, Mais, Erbsen und restliche Sojasauce zufügen und anbraten.

6 Omelettstreifen unter den gebratenen Reis mischen, Frühlingszwiebeln darüber verteilen und mit Hähnchen servieren.

KINDER-TIPP Für Ihr Kleinkind sollten Sie vor dem Essen vom Hähnchen Haut und Knochen entfernen.

Panierter Fisch mit in Honig und Soja gebackenem Gemüse

ZUBEREITUNGSZEIT 20 MINUTEN (PLUS ABKÜHLZEIT) KOCHZEIT 30 MINUTEN ERGIBT 4 PORTIONEN

500 g festes weißes Fischfilet
35 g Weizenmehl
2 Eier, leicht geschlagen
110 g Paniermehl
1 Esslöffel frische Petersilie, fein gehackt
400 g kleine Kartoffeln, geviertelt

2 mittelgroße Karotten (240 g), grob zerkleinert
400 g Kürbis, grob zerkleinert
2 Esslöffel Honig
1 Esslöffel Sojasauce
1 Esslöffel Pflanzenöl
Olivenöl zum Anbraten

1 Ofen auf große Hitze vorheizen (220 °C).

2 Fischfilets der Länge nach halbieren. Fischstücke in Mehl, Eier und Paniermehl-Petersilien-Mischung panieren. Auf einem Blech zugedeckt 15 Minuten in den Kühlschrank stellen.

3 Kartoffeln, Karotten und Kürbis kochen, dämpfen oder in der Mikrowelle zubereiten, bis sie bissfest sind, abgießen.

4 Gemüse mit Honig, Sojasauce und Öl in einer großen Backform mischen, ca. 30 Minuten im Ofen grillen, bis das Gemüse goldbraun ist.

5 Olivenöl in einer großen Pfanne erhitzen, Fisch portionsweise darin kurz anbraten, bis er gar und goldbraun ist. Mit Küchenkrepp trocken tupfen.

6 Fisch zusammen mit dem Gemüse servieren.

KINDER-TIPP Legen Sie ein kleines Stück unpanierten Fisch beiseite, wickeln Sie ihn in eine gefettete Alufolie und geben Sie ihn die letzten 5 Minuten zum Gemüse in den Ofen. Schneiden Sie ihn in mundgerechte Stücke und servieren Sie ihn mit ein paar Esslöffeln zerstampftem Gemüse.

Lammkotelett mit Ratatouille

ZUBEREITUNGSZEIT 15 MINUTEN KOCHZEIT 35 MINUTEN ERGIBT 4 PORTIONEN

2 Esslöffel Olivenöl

1 mittelgroße rote Zwiebel (170 g), in dünne Scheiben geschnitten

1 große rote Paprika (350 g), grob zerkleinert

3 große Zucchini (450 g), in dicke Scheiben geschnitten

5 Baby-Auberginen (300 g), in dicke Scheiben geschnitten

400 g gewürfelte Tomaten aus der Dose

1 Esslöffel Tomatenmark

2 Knoblauchzehen, gerieben

12 entbeinte Lammkoteletts (900 g)

1 Öl in einem großen Topf erhitzen. Zwiebeln, Paprika, Zucchini und Auberginen darin unter Rühren 5 Minuten anbraten. Tomaten und Tomatenmark zugeben, zum Kochen bringen. Hitze reduzieren, zugedeckt ca. 20 Minuten köcheln lassen, bis das Gemüse gar ist. Knoblauch unterrühren.

2 Koteletts in einer geölten Grillpfanne oder auf einem Grill grillen, bis sie gar sind. Mit Ratatouille servieren.

KINDER-TIPP Lösen Sie das Fett von einem Kotelett ab und schneiden Sie das Fleisch in mundgerechte Stückchen. Servieren Sie es mit ein paar Esslöffeln zerstampftem Ratatouille-Gemüse.

Fettuccine mit Thunfisch, Tomaten und Auberginen

ZUBEREITUNGSZEIT 10 MINUTEN KOCHZEIT 15 MINUTEN ERGIBT 4 PORTIONEN

375 g dreifarbige Fettuccine

**1 Esslöffel fein geriebene Schale
  einer unbehandelten Limette**

**4 Esslöffel frische Petersilie,
  grob gehackt**

1 Esslöffel Olivenöl

**6 große Eiertomaten (540 g),
  grob zerkleinert**

**280 g geschmorte Auberginen
  aus der Dose, abgegossen
  und grob zerkleinert**

**425 g Thunfisch ohne Öl,
  aus der Dose**

1 Nudeln in einem großen Kochtopf kochen, bis sie bissfest sind, abgießen. In einer großen Schüssel zusammen mit Limettenschale, Petersilie und Öl mischen.

2 Tomaten in einer großen geölten Pfanne anbraten, bis sie bissfest sind. Auberginen und Thunfisch zugeben und kochen.

3 Tomatenmischung über die Nudeln geben, umrühren.

KINDER-TIPP Schneiden Sie die Fettuccine klein, sodass Ihr Kleinkind diese einfacher essen kann.

Sandwiches mit Fischburger und Salat

ZUBEREITUNGSZEIT
30 MINUTEN (PLUS ABKÜHLZEIT)
KOCHZEIT 15 MINUTEN
ERGIBT 4 PORTIONEN

1 große Kartoffel (300 g),
  grob zerkleinert

1 Esslöffel Pflanzenöl

1 mittelgroße Zwiebel (150 g),
  fein geschnitten

1 Knoblauchzehe, gerieben

415 g Lachsfilet

2 Teelöffel fein geriebene
  Schale einer unbehandelten
  Limette

1 Esslöffel frischer Schnittlauch,
  fein gehackt

1 Ei

35 g Weizenmehl

1 Ei, leicht geschlagen

70 g Paniermehl

Pflanzenöl zum Anbraten

4 Hot-Dog-Brötchen

75 g Sauce Tartare

1 mittelgroße Karotte (120 g),
  grob gerieben

½ Kopfsalat (100 g),
  grob zerkleinert

1 Kartoffeln kochen, dämpfen oder in der Mikrowelle zubereiten, bis sie gar sind, abgießen. In einer Schüssel zerstampfen.

2 Öl in einer mittelgroßen Pfanne erhitzen, Zwiebeln und Knoblauch unter Rühren anbraten, bis die Zwiebeln weich sind.

3 Gräten vom Lachs entfernen, in kleine Stückchen teilen und unter den Kartoffelbrei mischen. Zwiebeln, Limettenschale, Schnittlauch und Ei zugeben, mit der Hand mischen. Esslöf-felgroße Portionen ausstechen, Bällchen formen und zu flachen Burgern drücken (sollte 16 Burger ergeben).

4 Burger zuerst im Mehl, dann im leicht geschlagenen Ei und anschließend im Paniermehl wenden. Zugedeckt eine Stunde in den Kühlschrank stellen.

5 Öl in einer großen Pfanne erhitzen, Burger portionsweise darin kurz anbraten, bis sie gar sind. Mit Küchenkrepp trocken tupfen.

6 Brötchen halbieren, Sauce darauf verteilen, Burger, Karotten und Salat daraufgeben.

KINDER-TIPP Geben Sie Ihrem Kleinkind einen zerstampften oder zerschnitten Fischburger mit ein bisschen Karotten und Salat.

Hähnchenschnitzelburger

ZUBEREITUNGSZEIT 35 MINUTEN (PLUS ABKÜHLZEIT) KOCHZEIT 35 MINUTEN ERGIBT 4 PORTIONEN

4 Hähnchenbrustfilets (680 g)

35 g Weizenmehl

1 Ei

1 Esslöffel Milch

70 g Paniermehl

60 ml Olivenöl

3 mittelgroße rote Zwiebeln
(510 g), in dünne Streifen
geschnitten

1 Laib Pide (türkisches Fladenbrot; 430 g), geviertelt

⅓ Eisbergsalat (200 g),
grob zerkleinert

FÜR DIE PAPRIKA-KAPERN-
MAYONNAISE

75 g Mayonnaise

65 g geschmorte rote Paprika
aus der Dose, fein geschnitten

1 Esslöffel Kapern, grob
zerkleinert

1 Mit dem Fleischklopfer die mit
Frischhaltefolie eingewickelten
Filets auf etwa 1 cm Dicke
klopfen. Hähnchen in Mehl,
Ei-Milch-Mischung und Panier-
mehl wenden. Zugedeckt eine
Stunde in den Kühlschrank
stellen.

2 Zutaten für die Paprika-
Kapern-Mayonnaise in einer
kleinen Schüssel mischen.
Zugedeckt in den Kühlschrank
stellen, bis sie benötigt wird.

3 1 Esslöffel Öl in einer großen
Pfanne erhitzen, Zwiebeln
darin unter gelegentlichem
Rühren etwa 15 Minuten
anbraten. In eine kleine Schüssel umfüllen und zugedeckt
warm halten.

4 Restliches Öl in einer Pfanne
erhitzen, Hähnchenfilets portionsweise darin anbraten, bis
sie gar sind. Mit Küchenkrepp
trocken tupfen, zugedeckt
warm halten.

5 Brote halbieren und toasten.
Hähnchen, Zwiebeln, Mayonnaise und Salat daraufgeben.

KINDER-TIPP Ein Schnitzel in
fingergroße Stückchen schneiden
und mit Tomatensauce anstelle
der Mayonnaise servieren.

Apfelstrudel mit Sultaninen und Vanillesauce

ZUBEREITUNGSZEIT 20 MINUTEN (PLUS ABKÜHLZEIT) KOCHZEIT 20 MINUTEN ERGIBT 4 PORTIONEN

2 Esslöffel Rohrohrzucker
1 Teelöffel gemahlener Zimt
2 Fertig-Blätterteige, aufgetaut
425 g Apfelkompott
80 g Sultaninen
1 Ei, leicht geschlagen

1 Ofen auf mittlere Hitze vorheizen (200 °C).

2 Zucker und Zimt in einer kleinen Schüssel mischen.

3 2 Teelöffel Zimtzucker über einen Blätterteig streuen. Die Hälfte des Kompotts auf der Hälfte des Teigs verteilen, mit 40 g Sultaninen bestreuen. Teig vorsichtig zusammenrollen, sodass die Füllung in der Mitte bleibt. Vorgang mit dem anderen Teig wiederholen.

4 Strudel auf ein vorbereitetes Blech setzen, mit Ei bestreichen und mit restlichem Zimtzucker bestreuen. Im Ofen ca. 20 Minuten backen, bis die Strudel goldbraun sind. Vor dem Schneiden 10 Minuten abkühlen lassen.

KINDER-TIPP Servieren Sie Ihrem Kleinkind ein kleines Stück warmen Strudel mit Vanillesauce oder Vanilleeiskrem.

Gefrorener Joghurt mit Himbeermousse

ZUBEREITUNGSZEIT 15 MINUTEN (PLUS GEFRIERZEIT) KOCHZEIT 5 MINUTEN ERGIBT 4 PORTIONEN

150 g Streuzucker

80 ml Wasser

1 Teelöffel Gelatinepulver

120 g tiefgefrorene Himbeeren, aufgetaut

500 g griechischer Joghurt

1 Zucker mit dem Wasser in einen kleinen Topf geben und bei niedriger Hitze verrühren, bis sich der Zucker auflöst. 5 Minuten abkühlen lassen. Gelatine über den Sirup streuen und rühren, bis sich die Gelatine auflöst.

2 Himbeeren durch ein feines Sieb streichen.

3 Gelatinemischung und Joghurt in einer Schüssel verrühren, in eine 14 x 21 cm große Backform geben. Zugedeckt ca. 4 Stunden gefrieren, bis alles fast fest ist.

4 Joghurt mit einer Gabel vom Boden und den Seiten der Form lösen, Himbeerpüree mit Joghurt mischen. Zudecken und gefrieren, bis es serviert wird. Wenn gewünscht, mit frischen Himbeeren servieren.

KINDER-TIPP Zerteilen Sie die Portion gefrorener Joghurt mit Himbeeren für Ihr Kind mit der Gabel.

Apfel-**Beeren**-Crumble

ZUBEREITUNGSZEIT 15 MINUTEN

KOCHZEIT 25 MINUTEN

ERGIBT 6 PORTIONEN

800 g Apfelkompott

300 g tiefgefrorene Beerenmischung

1 Esslöffel Zucker

125 ml Wasser

120 g geröstetes Müsli

2 Esslöffel Weizenmehl

1 Esslöffel brauner Rohrzucker

50 g Butter

20 g Cornflakes

1 Ofen auf mittlere Hitze vorheizen (180 °C).

2 Kompott, Beeren, Zucker und Wasser in einen mittelgroßen Kochtopf geben, zum Kochen bringen. Hitze reduzieren, unter Rühren köcheln lassen, bis eine glatte Masse entsteht. Vom Herd nehmen.

3 Müsli, Mehl und Rohrzucker in einer Schüssel mischen. Mit den Fingerspitzen Butter untermischen, Cornflakes unterrühren.

4 Apfelmischung in eine feuerfeste Auflaufform geben und mit Müslimix bestreuen. Ca. 20 Minuten im Ofen backen, bis die Streusel goldbraun sind.

KINDER-TIPPS Sie können statt Apfel- auch Birnenkompott nehmen oder auch nur eine einzige Beerensorte anstatt der Mischung. Die Beeren können frisch oder tiefgefroren sein. Geben Sie Ihrem Kleinkind ein paar Esslöffel vom warmen Crumble mit Vanillesauce.

Verwenden Sie nur Müsli ohne ganze Nüsse oder Samen.

Milchreis mit Kompott aus Trockenfrüchten

ZUBEREITUNGSZEIT 20 MINUTEN (PLUS ABKÜHLZEIT) KOCHZEIT 65 MINUTEN ERGIBT 4 PORTIONEN

1 l Milch

75 g Streuzucker

10 cm langer Streifen
  von der Schale einer
  unbehandelten Limette

65 g weißer Rundkornreis

2 Teelöffel Maismehl

1 Esslöffel Wasser

2 Eigelbe

½ Teelöffel Vanilleextrakt

FÜR DAS TROCKENFRÜCHTE-
KOMPOTT

75 g Trockenbirnen,
  grob zerkleinert

45 g Trockenäpfel,
  grob zerkleinert

85 g entkernte Backpflaumen,
  grob zerstoßen

500 ml Wasser

2 Esslöffel Honig

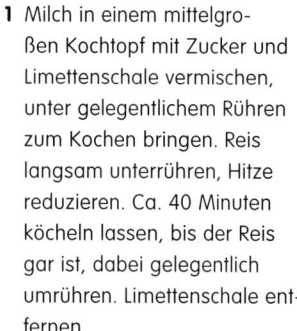

1 Milch in einem mittelgro-ßen Kochtopf mit Zucker und Limettenschale vermischen, unter gelegentlichem Rühren zum Kochen bringen. Reis langsam unterrühren, Hitze reduzieren. Ca. 40 Minuten köcheln lassen, bis der Reis gar ist, dabei gelegentlich umrühren. Limettenschale entfernen.

2 Kompott zubereiten (siehe unten).

3 Maismehl in einer kleinen Schüssel mit Wasser verrüh-ren, Eigelbe zugeben. Einen gehäuften Esslöffel vom war-men Milchreis unterrühren. Ei-Mischung anschließend über den Reis geben. Bei mittlerer Hitze einrühren, bis die Masse kocht und eindickt. Vanille-extrakt unterrühren, vom Herd nehmen. Vor dem Servieren 15 Minuten abkühlen lassen.

Für das Trockenfrüchtekom-pott Zutaten in einen mittel-großen Kochtopf geben, zum Kochen bringen. Hitze reduzie-ren, ohne Deckel 15 Minuten köcheln lassen, vom Herd neh-men.

KINDER-TIPP Pürieren oder zerstampfen Sie ein paar Ess-löffel vom Kompott und rühren Sie es unter eine kleine Menge Milchreis.

Müslischnitte

ZUBEREITUNGSZEIT 15 MINUTEN
BACKZEIT 20 MINUTEN
ERGIBT 30 SCHNITTEN

125 g Butter

75 g brauner Rohrzucker

2 Esslöffel Honig

90 g Haferflocken

45 g Kokosflocken

**80 g Trockenaprikosen,
    fein zerkleinert**

**75 g Trockenäpfel,
    fein zerkleinert**

80 g Sultaninen

**75 g Mehl, mit ½ Teelöffel
    Backpulver vermischt**

1 Ofen auf mittlere Hitze vorheizen (180 °C). Eine 20 x 30 cm
große Backform einfetten oder
mit Backpapier auslegen.

2 Butter, Zucker und Honig
in einem großen Kochtopf
mischen, erwärmen, aber nicht
kochen, bis sich der Zucker
auflöst. Vom Herd nehmen,
restliche Zutaten unterrühren.

3 Mischung in die vorbereitete
Form streichen. Ca. 20 Minuten im Ofen goldgelb backen.
Abkühlen lassen, zum Ser-
vieren in quadratische Stücke
schneiden.

KINDER-TIPP Die Schnitten für
Ihr Kind fein zerteilen und unter
Vanilleeis oder Joghurt rühren.

Mini-Muffins mit Apfel, Banane und Schokolade

ZUBEREITUNGSZEIT 15 MINUTEN BACKZEIT 15 MINUTEN ERGIBT 24 MUFFINS

110 g Mehl, mit 1 Teelöffel Backpulver vermischt

75 g brauner Rohrzucker

20 g Haferflocken

1 Ei

60 ml Milch

60 ml Apfelsaft

60 ml Pflanzenöl

½ halb reife Banane (100 g), fein geschnitten

100 g dunkle Schokolade, fein geraspelt

1 Ofen auf mittlere Hitze vorheizen (180 °C). 24 Vertiefungen (20 ml) eines Mini-Muffin-Blechs mit Papierbackförmchen auslegen.

2 Mehl, Zucker und Haferflocken in einer Schüssel mischen. Ei, Milch, Saft und Öl mischen, über die Mehl-Zucker-Mischung geben und verrühren. Banane und 50 g Schokolade zufügen, sorgfältig umrühren.

3 Teig auf das Muffinblech verteilen. Ca. 15 Minuten im Ofen backen. Herausnehmen und 5 Minuten im Blech abkühlen lassen. Muffins auf ein Kuchengitter setzen, mit der restlichen Schokolade bestreuen.

Karotten-Ananas-Törtchen

ZUBEREITUNGSZEIT 10 MINUTEN BACKZEIT 15 MINUTEN ERGIBT 24 TÖRTCHEN

50 g Weizenmehl

75 g Mehl, mit ½ Teelöffel
  Backpulver vermischt

½ Teelöffel Natron

55 g Streuzucker

½ Teelöffel gemahlener Zimt

225 g Ananas aus der Dose,
  grob zerkleinert

160 g Karotten, fein gerieben

1 Ei, leicht geschlagen

80 ml Pflanzenöl

FÜR DIE FRISCHKÄSEGLASUR

125 g weicher Frischkäse

1 Esslöffel Zuckergussmischung

1 Teelöffel Zitronensaft

2 Teelöffel Milch

1 Ofen auf mittlere Hitze vorheizen (180 °C). 12 Vertiefungen (20 ml) eines Mini-Muffin-Blechs einfetten.

2 Mehl, Natron, Zucker und Zimt in eine Schüssel sieben. Ananas und Karotten zugeben. Ei und Öl leicht mischen und ebenfalls zufügen. Alles zu einem glatten Teig verarbeiten.

3 Teig auf das Muffinblech verteilen. Ca. 15 Minuten im Ofen backen. Herausnehmen und 5 Minuten im Blech abkühlen lassen, Törtchen anschließend auf ein Kuchengitter setzen.

4 Zutaten für die Glasur in einer Schüssel mischen. Glasur auf die abgekühlten Törtchen verteilen.

Kürbis-Käse-Scones

ZUBEREITUNGSZEIT 20 MINUTEN BACKZEIT 25 MINUTEN ERGIBT 16 SCONES

250 g Kürbis, grob zerkleinert
375 g Mehl, mit 3 Teelöffeln
  Backpulver vermischt
1 Esslöffel Streuzucker
50 g Butter, zerkleinert
30 g Emmentaler, grob gerieben
40 g Parmesan, grob gerieben
ca. 125 ml Milch

1 Ofen auf große Hitze vorheizen (240 °C). Eine tiefe quadratische Backform (19 cm) einfetten.

2 Kürbis kochen, dämpfen oder in der Mikrowelle zubereiten, bis er bissfest ist, abgießen. Kürbis in einer kleinen Schüssel zerstampfen, 10 Minuten abkühlen lassen.

3 Mehl und Zucker in eine Schüssel geben, mit den Fingern Butter untermischen. Emmentaler, 20 g Parmesan und Kürbis zufügen. In die Mitte der Masse eine Mulde drücken, gerade so viel Milch zufügen, dass ein weicher, klebriger Teig entsteht. Teig auf eine leicht bemehlte Arbeitsfläche geben und zu einem glatten Teig verarbeiten.

4 Teig etwa 2 cm dick ausrollen und 16 Kreise (Ø 4,5 cm) ausstechen. Scones nebeneinander in die vorbereitete Backform setzen, mit restlichem Parmesan bestreuen. Ca. 20 Minuten im Ofen backen.

SNACKS FÜR UNTERWEGS

Wenn Kleinkinder außer Haus essen, ob im Kindergarten oder bei einem Ausflug, ist die Aufregung meist groß. Voller Vorfreude schauen die Kleinen dann schon mal verstohlen in die Tasche, um zu entdecken, was sie erwartet. Die einfachen und gesunden Snacks in diesem Kapitel werden sicher zu den Lieblingsspeisen Ihres Kindes gehören.

Sandwiches

ZUBEREITUNGSZEIT JE 10 MINUTEN   ERGIBT JEWEILS EIN SANDWICH

Mais, Zucchini und Ei

Zwei Esslöffel Maiskörner (aus der Dose) mit einer halben kleinen, grob geraspelten Zucchini, ein wenig Mayonnaise und einem zerstampften hart gekochten Ei mischen. Die Mischung zwischen zwei Scheiben Weißbrot verteilen. In Quadrate oder Dreiecke schneiden.

Hähnchen, Sellerie und Avocado

100 g klein geschnittenes, gekochtes Hähnchenfleisch mit
einer fein geschnittenen Selleriestange, einem Viertel einer
kleinen Avocado und einem
Teelöffel Zitronensaft mischen.
Die Mischung zwischen zwei
Scheiben Weißbrot verteilen.
In Quadrate oder Dreiecke
schneiden.

Rind, Käse und Karotte

Eine halbe kleine, grob geras-
pelte Karotte mit zwei Esslöffeln
streichfähigem Frischkäse und
zwei Esslöffeln fein geschnitte-
nem Eisbergsalat mischen.
Die Hälfte der Mischung auf
einer Scheibe Weißbrot ver-
streichen. Darüber 50 g fein
geschnittenes Roastbeef geben
und danach den restlichen
Karottenaufstrich darüber verteilen. Eine weitere Weißbrot-
scheibe darauflegen. In Quadrate oder Dreiecke schneiden.

Karotten-Dip

ZUBEREITUNGSZEIT 15 MINUTEN
KOCHZEIT 20 MINUTEN ERGIBT 1 ½ SCHÄLCHEN

Fünf grob zerkleinerte Karotten kochen, dämpfen oder in der Mikrowelle zubereiten, bis sie gar sind, abgießen. Einen Esslöffel Olivenöl in einer großen Pfanne erhitzen, eine zerriebene Knoblauchzehe und einen halben Teelöffel gemahlenen Kreuzkümmel unter Rühren anbraten. Karotten und zwei Teelöffel Zitronensaft unterrühren, unter Rühren weiterkochen. Vom Herd nehmen, 10 Minuten abkühlen lassen. Karottenmischung und 80 g Joghurt mit dem Pürierstab oder dem Mixer pürieren. Karotten-Dip mit Grissini servieren.

Hummus

ZUBEREITUNGSZEIT 10 MINUTEN
KOCHZEIT 15 MINUTEN ERGIBT 2 SCHÄLCHEN

600 g Kichererbsen (aus der Dose, abgegossen) in einem mittelgroßen Kochtopf mit etwas Wasser ohne Deckel ca. 15 Minuten kochen, bis die Erbsen bissfest sind. 10 Minuten abkühlen lassen. Kichererbsen zusammen mit zwei Esslöffeln Olivenöl, zwei Teelöffeln Zitronensaft, einer zerriebenen Knoblauchzehe und 200 g Joghurt mit dem Pürierstab oder dem Mixer fein pürieren. Mit Dreiecken aus Pita-Brot servieren.

Rote-Bete-Dip

ZUBEREITUNGSZEIT 5 MINUTEN ERGIBT 2 SCHÄLCHEN

450 g Baby-Rote-Bete (aus der Dose, abgegossen), 100 g dicker Joghurt und ein Esslöffel Zitronensaft mit dem Pürierstab oder dem Mixer fein pürieren.

TIPP Sie können anstelle von Zitronensaft auch Wasser oder Rote-Bete-Saft verwenden.

Trockenfrüchtemix

ERGIBT 2 SCHÄLCHEN

100 g fein zerstoßene Trockenbirnen mit 100 g fein zerkleinerten Trocken-aprikosen, 180 g fein zerkleinerten Trockenäpfeln und 80 g getrockneten Cranberrys mischen.

Melone mit Schinken

ZUBEREITUNGSZEIT 10 MINUTEN

Sie brauchen 160 g dünn geschnittenen Schinken für dieses Rezept.

Die Hälfte einer kleinen, geschälten Zuckermelone der Länge nach in acht Spalten schneiden. Jede Spalte halbieren. Je eine Scheibe Schinken um eine Melonenspalte wickeln.

Kleine Häppchen

Eine Auswahl kleiner Häppchen ist ein perfekter Snack für zwischen-durch – probieren Sie etwa Käse-scheiben in verschiedenen Formen ausgestochen oder kurz gekochte Karotten, Brokkoliröschen, Süß-kartoffelecken oder Paprikastreifen.

Gemischter **Beerenjoghurt**

ERGIBT UNGEFÄHR EIN SCHÄLCHEN

80 g tiefgefrorene Beerenmischung mit 200 g Natur-
oder Vanillejoghurt mischen.

Honigjoghurt

ERGIBT UNGEFÄHR EIN SCHÄLCHEN

Einen Teelöffel Honig und 250 g
Natur- oder Vanillejoghurt mischen.

Schokoladen-joghurt

ERGIBT UNGEFÄHR EIN SCHÄLCHEN

250 g Naturjoghurt langsam
in 50 g geschmolzene Milch-
schokolade rühren.

TIPP Achten Sie darauf, dass
Sie den Joghurt nicht zu schnell
unter die Schokolade rühren,
da diese sonst wieder fest
werden kann.

PARTYFOOD

Fingerfood ist ideal für Partys, besonders wenn Ihre Gästeliste aus herumtollenden Klein-kindern besteht, die am liebsten nur zwischendurch etwas essen wollen! Die Gerichte in diesem Kapitel sind nicht nur lecker, sondern auch äußerst einfach in der Zubereitung.

Mini-Frikadellen

ZUBEREITUNGSZEIT 25 MINUTEN KOCHZEIT 20 MINUTEN ERGIBT 30 FRIKADELLEN

1 kg mageres Rinderhackfleisch
70 g Paniermehl
40 g Parmesan, grob gerieben
2 Knoblauchzehen, gerieben
2 Frühlingszwiebeln,
    in dünne Ringe geschnitten
1 Esslöffel Worcestersauce
2 Esslöffel Barbecuesauce
1 Esslöffel Olivenöl

1 Mit der Hand Rindfleisch, Paniermehl, Käse, Knoblauch, Zwiebeln und Saucen mischen. Esslöffelgroße Portionen zu kleinen Frikadellen formen.
2 Öl in einer großen beschichte-ten Pfanne erhitzen, Frikadellen portionsweise darin braten, bis sie gar sind. Mit einem Küchenkrepp trocken tupfen.
3 Servieren Sie die Frikadellen mit Tomatensauce.

TIPP Sie können anstelle der Frühlingszwiebeln auch 50 g fein gehackte frische Petersilie verwenden.

Pastetchen mit Hähnchen und Gemüse

ZUBEREITUNGSZEIT 15 MINUTEN KOCHZEIT 30 MINUTEN ERGIBT 36 PASTETCHEN

500 g Hühnerhackfleisch

1 Knoblauchzehe, gerieben

**1 mittelgroße Zwiebel (150 g),
fein geschnitten**

**1 mittelgroße Karotte (120 g),
fein geschnitten**

**100 g grüne Bohnen,
fein geschnitten**

**125 g Mais-Sahnemischung
(aus der Dose)**

2 Eier, leicht geschlagen

25 g Paniermehl

1 Esslöffel Tomatensauce

3 Fertig-Blätterteige, aufgetaut

1 Ofen auf mittlere Hitze vorheizen (200 °C). Zwei Backbleche einfetten.

2 Mit der Hand Hackfleisch, Knoblauch, Zwiebeln, Karotten, Bohnen, Mais, ein Ei, Paniermehl und Tomatensauce mischen.

3 Blätterteige der Länge nach halbieren. Gleiche Menge an Hähnchenfüllung der Länge nach in die Mitte der Teige verteilen. Teige zusammenrollen, sodass die Füllung in der Mitte eingeschlossen ist. Jede Pastete in sechs Stücke teilen.

4 Pastetchen auf die vorbereiteten Bleche setzen, mit restlichem Ei bestreichen. Ca. 30 Minuten im Ofen backen, bis sie gar und goldbraun sind.

TIPP Servieren Sie die Pastetchen mit Tomaten- oder Barbecuesauce.

Barbecue-Pizzen

ZUBEREITUNGSZEIT 20 MINUTEN
KOCHZEIT 10 MINUTEN ERGIBT 15 PIZZEN

30 cm (300 g) fertiger Pizzaboden, aufgetaut
2 Esslöffel Barbecuesauce
80 g Grillhähnchen, fein gewürfelt
40 g Emmentaler, grob gerieben

1 Ofen auf mittlere Hitze vorheizen (200 °C).
2 Pizzaboden in 5 x 5 cm große Stücke schneiden und auf ein Backblech setzen.
3 Sauce auf den Pizzen verteilen, Hähnchen und Käse darübergeben. Ca. 10 Minuten im Ofen backen, bis die Pizzen braun und knusprig sind.

Pizzen mit Ei und Speck

ZUBEREITUNGSZEIT 20 MINUTEN
KOCHZEIT 15 MINUTEN ERGIBT 15 PIZZEN

1 Speckstreifen (70 g), ohne Schwarte, dünn geschnitten
1 Ei, leicht geschlagen
35 g Pizzakäse, grob gerieben
30 cm (300 g) fertiger Pizzaboden, aufgetaut
2 Esslöffel Fertig-Tomatensauce

1 Ofen auf mittlere Hitze vorheizen (200 °C).
2 Eine kleine Pfanne erhitzen, unter Rühren Speck darin knusprig braten. Ei zugeben, unter Rühren stocken lassen. Vom Herd nehmen, Käse unterrühren.
3 Aus dem Pizzaboden mit Plätzchenausstechern lustige Pizzen ausstechen, auf Backbleche setzen.
4 Sauce auf Pizzen verteilen, Ei-Speck-Mischung darübergeben. Ca. 10 Minuten im Ofen backen, bis die Pizzen braun und knusprig sind.

Vegetarische **Pizzen**

ZUBEREITUNGSZEIT 20 MINUTEN

KOCHZEIT 10 MINUTEN ERGIBT 15 PIZZEN

30 cm (300 g) fertiger Pizzaboden, aufgetaut
2 Esslöffel Tomatenmark
40 g grüne Oliven ohne Stein, fein geschnitten
2 Esslöffel grüne Paprika, fein geschnitten
2 Esslöffel rote Paprika, fein geschnitten
120 g kleine Mozzarellabällchen, fein geschnitten

1 Ofen auf mittlere Hitze vorheizen (200 °C).
2 Aus dem Pizzaboden mit Plätzchenausstechern herz-förmige Pizzen ausstechen, auf Backbleche setzen.
3 Tomatenmark auf den Pizzen verteilen. Oliven, Paprika und Käse mischen und über die Pizzen geben. Ca. 10 Minuten im Ofen backen, bis die Pizzen braun und knusprig sind.

Pizzen mit Salami, Pilzen und Käse

ZUBEREITUNGSZEIT 20 MINUTEN

KOCHZEIT 10 MINUTEN ERGIBT 15 PIZZEN

30 cm (300 g) fertiger Pizzaboden, aufgetaut
2 Esslöffel Fertig-Tomatensauce
10 Scheiben Salami (150 g), dünn geschnitten
5 Champignons (60 g), in dicke Scheiben geschnitten
5 Scheiben Emmentaler (100 g), dick geschnitten

1 Ofen auf mittlere Hitze vorheizen (200 °C).
2 Pizzaboden in Pizzen mit 5 cm Durchmesser schneiden und auf ein Backblech setzen.
3 Sauce auf den Pizzen verteilen, mit Salami, Pilzen und Käse belegen. Ca. 10 Minuten im Ofen backen, bis die Pizzen braun und knusprig sind.

Reispapier-röllchen mit Garnelen und Avocado

ZUBEREITUNGSZEIT
30 MINUTEN ERGIBT 24 RÖLLCHEN

24 mittelgroße Riesengarnelen (1,1 kg), gekocht
2 Esslöffel Mayonnaise
24 Reispapierblätter (17 x 17 cm)
1 große Avocado (320 g), dünn geschnitten
80 g Zuckerschotensprossen, ohne Stiele

1 Garnelen häuten, Darm entfernen, grob zerkleinern und mit Mayonnaise mischen.

2 Ein Reispapierblatt in eine Schüssel mit warmem Wasser legen, bis es leicht aufweicht, vorsichtig aus dem Wasser heben. So auf die mit einem Geschirrtuch ausgelegte Arbeitsfläche legen, dass eine Ecke zu Ihnen zeigt. Einen gestrichenen Esslöffel Garnelenfüllung in die Mitte des Reispapiers legen. Ein wenig Avocado und Sprossen darübergeben. Die zu Ihnen zeigende Ecke über die Füllung legen, Reispapier aufrollen, sodass die Füllung eingeschlossen ist. Mit den restlichen Zutaten Vorgang wiederholen.

Reispapierröllchen mit Teriyaki-Hähnchen

ZUBEREITUNGSZEIT 30 MINUTEN (PLUS ABKÜHLZEIT) KOCHZEIT 10 MINUTEN ERGIBT 24 RÖLLCHEN

6 Hähnchenschenkelfilets (660 g), ohne Knochen

60 ml dickflüssige Teriyaki-Marinade

2 Esslöffel Wasser

2 kleine Salatgurken (260 g)

2 Teelöffel Erdnussöl

24 Reispapierblätter (24 x 17 cm)

200 g Enokitake-Pilze, ohne Stiele (ersatzweise gegarte Pfifferlinge)

1 Jeden Hähnchenschenkel der Länge nach in acht Streifen schneiden. Hähnchen, Teriyaki-Marinade und Wasser in einer kleinen Schüssel mischen, zugedeckt für eine Stunde in den Kühlschrank stellen. Hähnchen trocken tupfen.

2 Gurken der Länge nach halbieren und entkernen. Gurkenhälften quer durchschneiden, Stücke der Länge nach in drei Streifen schneiden.

3 Öl in einer großen Pfanne erhitzen, Hähnchen portionsweise darin braten, bis es gar ist. 10 Minuten abkühlen lassen.

4 Ein Reispapierblatt in eine Schüssel mit warmem Wasser legen, bis es leicht aufweicht, vorsichtig aus dem Wasser heben. So auf die mit einem Geschirrtuch ausgelegte Arbeitsfläche legen, dass eine Ecke zu Ihnen zeigt. Zwei Hähnchenstücke in die Mitte des Reispapiers legen. Ein Stück Gurke und ein paar Pilze darübergeben. Die zu Ihnen zeigende Ecke über die Füllung legen, Reispapier aufrollen, sodass die Füllung eingeschlossen ist. Mit den restlichen Zutaten Vorgang wiederholen.

Gemüsereispapierröllchen

ZUBEREITUNGSZEIT 30 MINUTEN KOCHZEIT 5 MINUTEN ERGIBT 24 RÖLLCHEN

**1 große Karotte (180 g),
grob geraspelt**

**2 Stangen Sellerie (200 g),
fein geschnitten**

**150 g Chinakohl, fein
geschnitten**

2 Teelöffel Fischsauce

2 Teelöffel brauner Rohrzucker

1 Esslöffel Zitronensaft

**24 Reispapierblätter
(24 x 17 cm)**

24 Blätter frische Minze

1 Karotten, Sellerie, Kohl, Sauce, Zucker und Saft in einer kleinen Schüssel mischen.

2 Ein Reispapierblatt in eine Schüssel mit warmem Wasser legen, bis es leicht aufweicht, vorsichtig aus dem Wasser heben. So auf die mit einem Geschirrtuch ausgelegte Arbeitsfläche legen, dass eine Ecke zu Ihnen zeigt. Einen gestrichenen Esslöffel von der Gemüsefüllung in die Mitte des Reispapiers legen. Ein Blatt Minze darübergeben. Die zu Ihnen zeigende Ecke über die Füllung legen, Reispapier aufrollen, sodass die Füllung eingeschlossen ist. Mit den restlichen Zutaten Vorgang wiederholen.

Reispapierröllchen mit Tofu und Pak Choi

ZUBEREITUNGSZEIT 30 MINUTEN KOCHZEIT 5 MINUTEN ERGIBT 24 RÖLLCHEN

24 Baby-Pak-Choi-Blätter
12 frische Babymaiskolben,
   der Länge nach halbiert
300 g fester Seidentofu
24 Reispapierblätter (24 x 17 cm)
160 g Sojasprossen
FÜR DIE CHILISAUCE
80 ml süße Chilisauce
1 Esslöffel Sojasauce

1 Pak Choi und Mais kochen, dämpfen oder in die Mikrowelle geben, bis das Gemüse gar ist, abgießen.

2 Zutaten für die Chilisauce in einer kleinen Schüssel mischen.

3 Tofu halbieren und jedes Stück in 12 gleich große Streifen schneiden. Mit der Hälfte der Chilisauce in eine Schüssel geben.

4 Ein Reispapierblatt in eine Schüssel mit warmem Wasser legen, bis es leicht aufweicht, vorsichtig aus dem Wasser heben. So auf die mit einem Geschirrtuch ausgelegte Arbeitsfläche legen, dass eine Ecke zu Ihnen zeigt. Einen Tofustreifen in die Mitte des Reispapiers legen. Ein Stück Mais, ein Pak-Choi-Blatt und ein paar Sojasprossen darübergeben. Die zu Ihnen zeigende Ecke über die Füllung legen, Reispapier aufrollen, sodass die Füllung eingeschlossen ist. Mit den restlichen Zutaten Vorgang wiederholen. Röllchen mit restlicher Chilisauce servieren.

Hähnchen-Mais-Sandwich

ZUBEREITUNGSZEIT 10 MINUTEN ERGIBT 12 SANDWICHES

200 g Hähnchenfleisch, fein geschnitten und gekocht
125 g Mais-Sahnemischung (aus der Dose)
8 Scheiben Mischbrot
2 Esslöffel Mayonnaise
60 g Eisbergsalat, grob zerkleinert

1 Hähnchen und Mais in einer Schüssel mischen.
2 Vier Scheiben Brot mit Mayonnaise bestreichen, mit Hähnchen-Mais-Mix, Salat und einer weiteren Scheibe Brot belegen. Brotkrusten entfernen, Sandwich in kleine Stücke schneiden.

Thunfisch-Karotten-Kreisel

ZUBEREITUNGSZEIT 20 MINUTEN ERGIBT 12 KREISEL

185 g Thunfisch aus der Dose
1 kleine Karotte (70 g), fein geraspelt
2 Gewürzgurken (40 g), fein geschnitten
120 g Mayonnaise
6 Scheiben Lavash (persisches Brot)

1 Thunfisch, Karotten, Gurken und 75 g Mayonnaise in einer Schüssel mischen.
2 Eine Scheibe Brot mit 2 ½ Teelöffeln Mayonnaise bestreichen und mit einer weiteren Brotscheibe belegen. Ein Drittel der Thunfischmasse auf das Brot streichen. Brot fest zusammenrollen, Ränder abschneiden. Mit einem Messer die Brotrolle in vier Stücke teilen. Mit den restlichen Zutaten Vorgang wiederholen.

Sandwich mit Speck, Salat und Tomaten

ZUBEREITUNGSZEIT 20 MINUTEN

KOCHZEIT 5 MINUTEN ERGIBT 12 SANDWICHES

2 Specksstreifen (140 g), ohne Schwarte, fein geschnitten
2 hart gekochte Eier, fein geschnitten
75 g Mayonnaise
30 g Kopfsalat, grob zerkleinert
1 kleine Tomate (90 g), in dünne Scheiben geschnitten
8 Scheiben Mischbrot

1 Speck unter Rühren in einer kleinen Pfanne knusprig anbraten. Mit einem Küchenkrepp trocken tupfen.
2 Speck mit Ei und 2 Esslöffeln Mayonnaise in einer kleinen Schüssel mischen.
3 Restliche Mayonnaise, Salat und Tomaten auf vier Scheiben Brot verteilen, mit Ei-Mischung und restlichen Brotscheiben belegen. Rand abschneiden und Sandwiches in kleine Stücke teilen.

Honig-Ricotta-Sandwich

ZUBEREITUNGSZEIT 10 MINUTEN ERGIBT 12 SANDWICHES

100 g Ricotta
1 Teelöffel Honig
35 g Trockenbirnen, fein zerstoßen
6 Scheiben Rosinenbrot

1 Ricotta, Honig und Birnen in einer kleinen Schüssel mischen.
2 Ricotta-Mischung auf drei Scheiben Brot verteilen, jeweils mit einer weiteren Brotscheibe belegen. Rand abschneiden und Brot in quadratische Sandwiches teilen.

Käsegebäck-stangen

ZUBEREITUNGSZEIT 20 MINUTEN
BACKZEIT 10 MINUTEN
ERGIBT 24 STANGEN

2 Fertig-Blätterteige, aufgetaut
1 Eigelb, geschlagen
100 g Pizzakäse, grob gerieben
40 g Parmesan, fein gerieben

1 Ofen auf mittlere Hitze vorheizen (200 °C). Zwei Backbleche einfetten oder mit Backpapier auslegen.

2 Einen Blätterteig mit der Hälfte des Eigelbs bestreichen und mit Pizzakäse bestreuen. Zweiten Blätterteig darüber legen, mit restlichem Eigelb bestreichen und mit Parmesan bestreuen. Blätterteige halbieren und übereinander legen, zusammendrücken.

3 Blätterteig der Breite nach in 24 Streifen schneiden, jeden Streifen drehen und die Enden zusammendrücken. Stangen auf vorbereitete Bleche setzen und ca. 10 Minuten im Ofen goldgelb backen.

Mini-Schokoladenbrownie-Dreiecke

ZUBEREITUNGSZEIT 15 MINUTEN (PLUS ABKÜHLZEIT)

BACKZEIT 35 MINUTEN ERGIBT 32 BROWNIES

125 g Butter, klein geschnitten
200 g dunkle Schokolade,
grob zerkleinert
165 g Streuzucker
1 Teelöffel Vanilleextrakt
2 Eier, leicht geschlagen
150 g Weizenmehl

1 Ofen auf mittlere Hitze vorheizen (180 °C). Eine quadratische Backform (19 cm) mit Backpapier so auslegen, dass 2 cm Papier über die Form hinausstehen.

2 Butter und Schokolade in einer hitzebeständigen Schüssel über einem Wasserbad verrühren, bis eine glatte Masse entsteht. Vom Herd nehmen, zuerst Zucker und Vanilleextrakt, dann Eier und Mehl unterrühren. Teig in die vorbereitete Form füllen, ca. 30 Minuten im Ofen backen, bis der Kuchen leicht fest wird. In der Form auskühlen lassen.

3 Brownie auf eine Arbeitsfläche stürzen. In 16 Quadrate schneiden und diese wiederum halbieren.

TIPP Für eine einfache Sauerrahmglasur 100 g dunkle Schokolade schmelzen und unter 75 g Sauerrahm rühren.

Teddybären-Kekse

ZUBEREITUNGSZEIT 35 MINUTEN
(PLUS ABKÜHLZEIT)
BACKZEIT 15 MINUTEN
ERGIBT 12 KEKSE

Für dieses Rezept benötigen Sie 12 Eisstiele aus Holz.

200 g weiche Butter
1 Teelöffel Vanilleextrakt
165 g Streuzucker
1 Ei
40 g dunkle Schokolade, fein geraspelt
175 g Weizenmehl
2 Esslöffel Kakaopulver
24 kleine, bunte Schokolinsen
12 dunkle Schokoladenkugeln

1 Ofen auf mittlere Hitze vorheizen (180 °C). Drei Backbleche einfetten oder mit Backpapier auslegen.

2 Butter, Vanilleextrakt, Zucker und Ei in einer kleinen Schüssel mit dem Handrührgerät so schlagen, dass die Masse eine helle Farbe erhält. Schokolade, gesiebtes Mehl und Kakaopulver unterrühren. 15 Minuten in den Kühlschrank stellen.

3 24 teelöffelgroße Portionen zu kleinen Bällchen formen. Restlichen Teig zu 12 größeren Bällchen für die Gesichter rollen. Auf jedem Blech vier große Bällchen zu flachen Keksen drücken (ca. Ø 8 cm) und je zwei kleine flach gedrückte Bällchen als Ohren daran setzen. Einen Eisstiel jeweils zu zwei Dritteln in den Teig stecken.

4 Schokolinsen als Augen und die Kugeln als Nase auf die Gesichter setzen. Ca. 12 Minuten im Ofen backen. Auf den Backblechen auskühlen lassen.

TIPP Die Kekse können gut in einem luftdichten Behälter aufbewahrt werden.

Mango-Ananas-Orangen-Stieleis

ZUBEREITUNGSZEIT 20 MINUTEN
(PLUS GEFRIERZEIT) ERGIBT 8 STÜCK

**1 mittelgroße Ananas (1,25 kg),
grob zerkleinert**
**1 kleine Mango (300 g),
grob zerkleinert**
125 ml Orangensaft

1 Ananas und Mango mit dem
Pürierstab oder dem Mixer fein
pürieren. Mit einem Holzlöffel
das Püree durch ein feines
Sieb oder eine Passiermühle in
eine große Schüssel streichen.
Saft unterrühren.
2 Masse in Stieleisbehälter füllen
(8 x 80 ml). Für drei Stunden
gefrieren, bis das Eis fest ist.

Knuspertörtchen aus weißer Schokolade

ZUBEREITUNGSZEIT 10 MINUTEN (PLUS KÜHLZEIT) ERGIBT 24 TÖRTCHEN

35 g Rice Krispies
35 g Choco Krispies
70 g kleine, bunte Schokolinsen
200 g weiße Schokolade,
  geschmolzen

1 12 Vertiefungen (20 ml) eines
  Mini-Muffin-Blechs mit Papier-
  backförmchen auslegen.
2 Zutaten in einer Schüssel
  mischen und auf die Förmchen
  verteilen. Zugedeckt 10 Minuten in den Kühlschrank stellen.

TIPP Sie müssen beim Verteilen
der Masse recht zügig arbeiten,
da die Schokolade sonst fest
wird.

Baiser-küsschen

ZUBEREITUNGSZEIT 15 MINUTEN
BACKZEIT 30 MINUTEN
ERGIBT 30 KÜSSCHEN

2 Teelöffel Maismehl
2 Eiweiß
160 g Streuzucker
1 Teelöffel Weißweinessig
2 Teelöffel Zuckergussmischung
**verschiedene Lebensmittel-
    farben**

1 Ofen auf niedrige Hitze vorheizen (120 °C). Zwei Backbleche
einfetten und mit Maismehl
bestäuben.

2 Eiweiße in einer kleinen Schüssel mit dem Handrührgerät
steif schlagen, langsam esslöf-
felweise Zucker einstreuen und
so lange schlagen, bis sich
der Zucker auflöst. Essig und
Zuckerguss zufügen.

3 1 Teelöffel Streuzucker mit
einem Tropfen Lebensmittelfarbe in einen kleinen Gefrier-
beutel füllen, Farbe in den
Zucker reiben bis er farbig
ist. Mit restlichem Zucker
und einer anderen Farbe
wiederholen.

4 Baiserteig in einen Spritzbeutel
mit Sterntülle (2,5 cm) füllen.
Je 4 Sterne mit 3 cm Abstand
auf das Backblech spritzen.
Mit farbigem Zucker bestreu-
en. Ca. 30 Minuten im Ofen
backen. Baisers auf dem Blech
auskühlen lassen.

GEBURTSTAGSKUCHEN

Früher oder später verlangt fast jedes Kindes nach süßen Leckereien. Der Geburtstag ist ein Anlass, bei dem Eltern diesem Wunsch ruhig nachgeben sollten – wenn danach wieder gesunde Kost mit Obst und Gemüse auf dem Speiseplan steht. Lassen Sie sich nicht verrückt machen, aber ein Geburtstagskuchen mit brennenden Kerzen darauf ist nun mal der Höhepunkt jeder Kindergeburtstagsparty. Entdecken Sie auf den folgenden Seiten einige großartige Beispiele …

Lustige Gesichter

ZUBEREITUNGSZEIT 80 MINUTEN (PLUS ABKÜHLZEIT)   BACKZEIT 20 MINUTEN

6 Papier-Backförmchen
(Ø 5,5 cm)

1 Packung Rührkuchen-
Backmischung

125 g weiche Butter

240 g Zuckergussmischung

2 Esslöffel Milch

Lebensmittelfarbe in Weiß,
Blau, Rot, Grün, Gelb,
Violett und Orange

17 kleine Schokolinsen in
unterschiedlichen Farben

Dekor-Zuckerschrift in Schwarz
und Rot

4 silber- oder goldfarbene
Zuckerperlen

1 Ofen auf mittlere Hitze vorheizen (180 °C). Sechs Vertiefungen (80 ml) eines Muffinblechs mit Papier-Backförmchen auslegen.

2 Kuchen nach Packungsanweisung zubereiten und Teig auf die sechs Förmchen verteilen. Bei mittlerer Hitze ca. 20 Minuten backen. Muffins ca. 5 Minuten auf einem Kuchengitter abkühlen lassen.

3 Butter mit einem elektrischen Handrührgerät schaumig schlagen bis sie ganz hell wird. Abwechselnd Zuckerguss und Milch unterrühren.

4 Zwei Drittel der Buttercreme mit weißer Lebensmittelfarbe einfärben, auf den Törtchen verteilen.

5 Restliche Buttercreme auf die sechs Schälchen verteilen und jede Portion mit einer der restlichen Lebensmittelfarben färben. Mit einem Teelöffel die farbige Buttercreme zu Haaren auf den Törtchen formen.

6 Als Augen je zwei kleine Schokolinsen auf die Törtchen setzen. Nach Lust und Laune mit roter und schwarzer Zuckerschrift Pupillen, Augenbrauen, Nasen, Sommersprossen, Münder, Wimpern und Ohren malen.

7 Mit den Zuckerperlen und den restlichen Schokolinsen nach Wunsch die Törtchen verzieren.

TIPP Die Backmischung reicht für 12 Törtchen, daher können Sie weitere sechs Törtchen auch in lustige Gesichter verwandeln.

Tiere

ZUBEREITUNGSZEIT 80 MINUTEN (PLUS KÜHLZEIT) BACKZEIT 20 MINUTEN

6 Papier-Backförmchen
(Ø 5,5 cm)
1 Packung Rührkuchen-
Backmischung
125 g weiche Butter
240 g Zuckergussmischung
2 Esslöffel Milch
Lebensmittelfarbe in
Schwarz, Rot, Gelb,
Grün und Orange

1 Ofen auf mittlere Hitze vorheizen (180 °C). Sechs Vertiefungen (80 ml) eines Muffinblechs mit Papier-Backförmchen auslegen.

2 Kuchen nach Packungsanweisung zubereiten und Teig auf die sechs Förmchen verteilen. Ca. 20 Minuten backen. Muffins zunächst ca. 5 Minuten in der Form, dann auf einem Kuchengitter abkühlen lassen.

3 Butter mit einem Handrührgerät schaumig schlagen, bis sie ganz hell wird. Abwechselnd Zuckerguss und Milch unterrühren.

4 Buttercreme auf sechs Schälchen gleichmäßig verteilen. Eine Portion mit sehr wenig schwarzer Lebensmittelfarbe einfärben, sodass ein Grauton entsteht. Restliche Portionen mit den anderen Lebensmittelfarben einfärben.

TIPP Der Teig reicht für sechs weitere Muffins, die Sie nach Herzenslust in andere Tiere verwandeln können.

Elefant

1 weißer Marshmallow, halbiert
2 kleine braune Schokolinsen
6 cm schwarze Lakritzschnur
1 weiße Geleebohne, halbiert
schwarze Dekor-Zuckerschrift

Graue Buttercreme auf einem Törtchen verteilen. Marshmallow-Hälften als Ohren ansetzen, mit restlicher Buttercreme Ohrinnenseiten gestalten. Schokolinsen als Augen, Lakritze als Rüssel und Jelly-Bean-Hälften als Stoßzähne dekorieren. Mit Zuckerschrift Pupillen malen.

Marienkäfer

1 weißer Marshmallow, halbiert
2 kleine blaue Schokolinsen
8 cm schwarze Lakritzschnur
8 kleine grüne Schokolinsen
schwarze Dekor-Zuckerschrift

Rote Buttercreme auf einem Törtchen verteilen. Eine Marshmallow-Hälfte als Kopf auf das Törtchen setzen, darauf zwei blaue Schokolinsen als Augen. Lakritze in dünne Streifen schneiden, einen Streifen als dünne Linie längs auflegen. Grüne Schokolinsen verteilen. Mit Zuckerschrift Pupillen malen.

Fisch

7 cm schwarze Lakritzschnur
2 orangefarbene Geleebohnen
2 Tropifrutti-Naschgummi
1 kleine blaue Schokolinse

Gelbe Buttercreme auf einem Törtchen verteilen. Lakritze in dünne Streifen schneiden, einen Streifen wie abgebildet über das Törtchen legen. Als Lippen Geleebohnen setzen. Naschgummis halbieren, zwei Hälften als Schwanz formen. Eine der restlichen Hälften halbieren und die Viertel als Flossen ansetzen. Mit einem kleinen Spatel Buttercreme zu Schuppen formen. Eine Schokolinse als Auge verwenden.

Schweinchen

2 rosa Marshmallows, halbiert
2 kleine rosa Schokolinsen
2 kleine blaue Schokolinsen

Rosafarbene Buttercreme auf einem Törtchen verteilen. Eine Marshmallow-Hälfte als Schnauze, zwei als Ohren aufsetzen. Rosafarbene Schokolinsen auf dem Marshmallow als Nasenlöcher und blaue als Augen aufsetzen.

Frosch

1 weißer Marshmallow, halbiert
2 kleine braune Schokolinsen
4 cm schwarze Lakritzschnur
1 kleine rote Schokolinse, halbiert

Grüne Buttercreme auf einem Törtchen verteilen. Marshmallow-Hälften mit der Schnittseite nach oben als Augen aufsetzen, braune Schokolinsen als Pupillen daraufgeben. Lakritze in dünne Streifen schneiden, einen Streifen als Mund auf das Törtchen legen, die halbe rote Schokolinse als Zunge.

Katze

1 entkernte Trockenpflaume, halbiert
2 kleine gelbe Schokolinsen
schwarze Dekor-Zuckerschrift
2 x 2,5 cm schwarze Lakritzschnur
1 kleine rosafarbene Schokolinse

Orangefarbene Buttercreme auf einem Törtchen verteilen. Trockenpflaumen-Hälften als Ohren aufsetzen, gelbe Schokolinsen als Augen. Mit Zuckerschrift Pupillen malen. Lakritze in dünne Schnurrhaare schneiden und auf das Törtchen setzen. Rosa Schokolinse als Nase aufsetzen und mit Zuckerschrift den Mund malen.

Nummer Eins

ZUBEREITUNGSZEIT 50 MINUTEN (PLUS ABKÜHLZEIT) BACKZEIT 30 MINUTEN

30 Papier-Backförmchen
(Ø 2,5 cm)

2 Packungen Rührkuchen-
Backmischung

30 x 40 cm Kuchenplatte

185 g weiche Butter

360 g Zuckergussmischung

60 ml Milch

Lebensmittelfarbe in Rot,
Blau und Orange

6 rote Lakritzschnüre

4 runde Schokoladenkekse

1 Ofen auf mittlere Hitze vorheizen (180 °C). Eine Backform (19 x 29 cm) einfetten oder mit Backpapier auslegen. 30 Vertiefungen (20 ml) eines Mini-Muffinblechs mit Papier-Backförmchen auslegen.

2 Rührkuchenteig nach Packungsanweisung zubereiten. Je eine esslöffelgroße Portion des Teiges in ein Förmchen, restlichen Teig in die vorbereitete Backform geben. Mini-Muffins ca. 15 Minuten und Kuchen ca. 30 Minuten im Ofen backen. 5 Minuten in der Form abkühlen lassen, danach auf ein Kuchengitter stürzen.

3 Kuchen kopfüber auf eine Kuchenplatte setzen.

4 Butter in einer kleinen Schüssel mit dem Handrührgerät hell schlagen. Abwechselnd Zuckergussmischung und Milch unterrühren.

5 Drei Viertel der Buttercreme rot färben. Restliche Buttercreme teilen und eine Hälfte violett, die andere Hälfte orange färben.

6 Jeweils eine esslöffelgroße Portion der gefärbten Buttercremes zurückbehalten. Restliche rote Buttercreme über den Kuchen verteilen, die Muffins mit den anderen beiden Cremes bestreichen.

7 Mit Lakritzschnüren die Seiten des Wagens am Rand des Kuchens formen. Restliche Lakritze längs in drei Streifen schneiden und ein Seil flechten. Mit dem Zahnstocher Seil am Wagen befestigen.

8 Mit der zurückbehaltenen roten Buttercreme Kekse als Räder am Kuchen befestigen.

9 Muffins auf dem Wagen drapieren. Mit restlicher violetter und orangefarbener Buttercreme die Muffins (mit einer „1", dem Namen Ihres Kindes oder einem Geburtstagsgruß) verzieren.

Nummer Zwei

ZUBEREITUNGSZEIT 60 MINUTEN (PLUS ABKÜHLZEIT) BACKZEIT 60 MINUTEN

12 Papier-Backförmchen
(Ø 4 cm)

3 Packungen Rührkuchen-
Backmischungen

35 x 45 cm Kuchenplatte

250 g weiche Butter

480 g Zuckergussmischung

60 ml Milch

Lebensmittelfarbe in Blau
und Rot

12 gelbe Geleebohnen

24 Schokoladentaler mit
Zuckerstreuseln

1 große gelbe saure Frucht-
gummistange

15 Marshmallows

6 Schokolinsen

1 Ofen auf mittlere Hitze vorheizen (180 °C). Eine tiefe Backform
(26 x 36 cm) einfetten oder mit Backpapier auslegen. 12 Vertiefungen
(40 ml) eines Törtchen- oder Briocheblechs mit Papier-Backförmchen
auslegen.

2 Rührkuchenteig nach Packungsanweisung zubereiten. Je zwei Esslöffel Teig in ein Förmchen, restlichen Teig in die vorbereitete Backform
geben. Törtchen ca. 20 Minuten und Kuchen ca. eine Stunde im Ofen
backen. 5 Minuten in der Form abkühlen lassen, danach auf ein
Kuchengitter stürzen.

3 Mit einem Messer den Kuchen begradigen. Kuchen mit der Schnittseite nach unten auf eine Kuchenplatte setzen.

4 Butter in einer kleinen Schüssel mit dem Handrührgerät hell schlagen.
Abwechselnd Zuckergussmischung und Milch unterrühren. Zwei Drit-
tel der Buttercreme rot färben und auf dem Kuchen verteilen. Restliche
Buttercreme blau färben und Törtchen damit bestreichen.

5 Je zwei Geleebohnen auf sechs Törtchen als Schmetterlingskörper und
je vier Schokotaler als Flügel setzen. Fruchtgummi in dünne Streifen
schneiden und zu Schmetterlingsfühlern formen.

6 Mit der Schere Marshmallows halbieren und durch Zusammendrücken der Enden Blütenblätter formen. Schokolinsen und Marshmallows als Blüten auf den restlichen sechs Törtchen gestalten.

7 Törtchen so auf dem Kuchen drapieren, dass eine „2" entsteht.

Nummer Drei

ZUBEREITUNGSZEIT 60 MINUTEN (PLUS ABKÜHLZEIT) BACKZEIT 35 MINUTEN

9 Papier-Backförmchen (Ø 4 cm)

3 Packungen Rührkuchen-Backmischungen

35 x 45 cm Kuchenplatte

185 g weiche Butter

360 g Zuckergussmischung

2 Esslöffel Milch

Lebensmittelfarbe in Blau und Gelb

35 g Kokosflocken

16 pinkfarbene Geleebohnen

1 weiße Baiserkugel

schwarze Dekor-Zuckerschrift

5 cm schwarze Lakritzschnur

1 Ofen auf mittlere Hitze vorheizen (180 °C). Zwei Springformen (Ø 20 cm) mit glattem Bodeneinsatz fetten oder mit Backpapier auslegen. Neun Vertiefungen (40 ml) eines Törtchen- oder Briocheblechs mit Papier-Backförmchen auslegen.

2 Rührkuchenteig nach Packungsanweisung zubereiten. Je zwei Esslöffel Teig in ein Förmchen, restlichen Teig in die vorbereiteten Backformen geben. Törtchen ca. 20 Minuten und Kuchen ca. 35 Minuten im Ofen backen. 5 Minuten in der Form abkühlen lassen, danach auf ein Kuchengitter stürzen.

3 Mit einem Messer die Kuchen begradigen und mit der Schnittseite nach unten auf eine Kuchenplatte setzen. Wie unten abgebildet, Segmente aus dem Kuchen ausschneiden. Kuchenstücke so auf eine Kuchenplatte setzen, dass eine „3" entsteht.

4 Butter in einer kleinen Schüssel mit dem Handrührgerät hell schlagen. Abwechselnd Zuckergussmischung und Milch unterrühren. Drei Viertel der Buttercreme blau färben und auf dem Kuchen verteilen. Restliche Buttercreme gelb färben und Törtchen damit bestreichen.

5 Kokosflocken in einem Plastikbeutel mit gelber Lebensmittelfarbe färben und acht der Törtchen darin wenden. Auf dem Kuchen zu einer Raupe drapieren. Als Füße Geleebohnen ansetzen.

6 Mit der Schere das Baiser halbieren und als Augen auf das restliche Törtchen setzen. Mit Zuckerschrift Pupillen malen.

7 Lakritze längs in drei Streifen schneiden und daraus Fühler formen. Aus restlicher Lakritze den Mund schneiden.

Die Kuchen mit der Schnittstelle nach unten platzieren und wie abgebildet anschneiden.

Die Kuchenstücke auf der Platte zu einer „3" formen.

Glossar

AVOCADO

Birnenförmige bis runde Frucht mit grün- bis goldgelbem Fruchtfleisch und einem hohen Gehalt an ungesättigten Fettsäuren (23,5 g auf 100 g). Wird am besten roh verzehrt und ist unverzichtbarer Bestandteil einer mexikanischen Guacamole.

BABY-AUBERGINE

Wie gewöhnliche Auberginen hat auch die kleinere Variante einen niedrigen Fett- und Zuckergehalt. Zusätzlich ist sie reich an Natrium, Kalium und Vitamin C und damit besonders wertvoll für Babynahrung.

CHINAKOHL

Auch Peking- oder Selleriekohl genannt. Mit länglichem Kopf und hellgrünen, gekrausten Blättern ist der Chinakohl der bevorzugte Kohl in Südostasien. Wird gehackt oder gerupft roh oder gekocht, gedämpft oder angebraten verzehrt.

COUSCOUS

Ein aus feinen Grießkügelchen bestehendes Gericht aus Nordafrika. Kann auch durch türkischen Bulgur ersetzt werden.

CRANBERRY

Eine ursprünglich nordamerikanische Variante der Heidelbeere, mit großen, leuchtend roten Beeren und einem sehr herb-sauren Geschmack. Sie wächst in Moorgebieten und ist reich an Antioxidanzien.

CRUMBLE

Aus dem Englischen: Krümel, mit Streuseln überbackene Früchte, wird direkt aus dem Ofen warm serviert.

DEKOR-ZUCKERSCHRIFT

Industriell vorgefertigte Zuckermasse in verschiedenen Farben in einer praktischen Schreibtube. Lässt sich auch durch Schokolade oder bunte Fruchtgelees (z. B. Kirsch, Aprikose, Preiselbeere) ersetzen.

FRITTATA

Eine italienische Omelettvariante aus geschlagenen Eiern, die sich hervorragend zum Verarbeiten von übrig gebliebenen Speisen eignet.

GEBRATENE NUDELN

Bereits vorgebratene, knusprige Instantnudeln aus der chinesischen (Mie-Nudeln) und japanischen Küche (Ramen), gibt es üblicherweise in 100-g-Packungen.

GELATINE

Geliermittel aus tierischem Eiweiß, das zum Eindicken bei Torten oder Puddings verwendet wird und in Gummibärchen oder Götterspeise enthalten ist. Wird als Pulver oder Blattgelatine angeboten. Vegetarischer Ersatz sind Agar-Agar bzw. Carrageen oder Pektin bzw. Agartine.

GELEEBOHNEN

Kleine bohnengroße Süßigkeiten aus Zucker und Stärke, mit einer harten Schale und einem weichen, geleeartigen Kern. Geleebohnen gibt es in unzähligen Geschmackssorten, vor allem jedoch in zahlreichen Fruchtgeschmacksrichtungen.

GRIECHISCHER JOGHURT

Ursprünglich nur aus Schafsmilch hergestellter Joghurt mit sehr hohem Fettanteil (10 %), schmeckt weniger säuerlich, milder und sahniger als üblicher Joghurt. Im Handel auch in einer preisgünstigeren Variante aus Schafs- und Kuhmilch angeboten.

GRISSINI

Dünne, italienische Brotstangen, ideales Knabbergebäck.

HOKKIEN-NUDELN

Frische Weizennudeln, die wie gelblich-braune Bandnudeln aussehen und vor dem Verwenden nicht gekocht werden müssen. Im Asia-Laden erhältlich.

KAPERN

Kleine oliv- bis blaugrüne Knospen des Kapernstrauches mit pikant-würzigem Geschmack. Können auch durch in Essig eingelegte Kapuzinerkresse ersetzt werden.

KÄSE

Emmentaler

Ursprünglich aus der Schweiz stammender Hartkäse und dort traditionell aus Rohmilch gewonnen, mit 45 % Fettgehalt.

Mozzarella

Italienischer, aus Büffeloder Kuhmilchmolke gewonnener Brühkäse, der üblicherweise in runder Form in Salzlake eingelagert angeboten wird. Sollte frisch verzehrt werden, der Fettgehalt liegt bei 45–50 %.

Parmesan

Kuhmilch-Hartkäse (mindestens 32 % Fettgehalt) mit langer Tradition, dessen erste Verwendung schon im 13. Jahrhundert verbürgt ist. Wird zumeist als Würzkäse über die fertigen Speisen gestreut.

Pizzakäse

Käsemischung aus verschiedenen Käsesorten, üblicherweise verarbeiteter und geriebener Parmesan, Mozzarella und Cheddar.

Ricotta

Italienischer Frischkäse aus Kuh- oder Büffelmilchmolke (etwa 20 % Fettgehalt) mit einer fetthaltigeren (70–80 %) Schafsmilch-Variante.

KICHERERBSE

Auch Felderbse oder Hummus genannt, eine unregelmäßig runde, sandfarbene Hülsenfrucht, die besonders in der mediterranen und der lateinamerikanischen Küche beheimatet ist.

KREUZKÜMMEL

Auch Kumin genannt, Küchengewürz aus der nordafrikanischen, indischen und mexikanischen Küche. Sehr intensiver Geschmack, der nichts mit dem Namensvetter Kümmel gemein hat.

LAVASH

Ein persisches Fladenbrot, das aus Mehl, Salz und Wasser hergestellt wird. Lässt sich vor dem Erkalten noch gut formen, wird anschließend knusprig.

LEBENSMITTELFARBE

Künstliche Farbstoffe für Lebensmittel, besonders bei Nachspeisen oder Backwaren eingesetzt. Lebensmittelfarben unterliegen in Deutschland strengen Gesetzesrichtlinien und sind daher gesundheitlich unbedenklich. Es sind allerdings auch schon Allergien auf Speisefarben bekannt. Eine Alternative zum Färben bieten natürliche Farbstoffe wie etwa Brennnessel- oder Spinatsud (grün), Rote-Bete-Saft (dunkelrot), Heidelbeer- oder Rotkohlsaft (rosa), Holundersaft (violett), Zwiebelsud oder schwarzer Tee (braun), Ampfersud oder Safranpulver (gelb) oder verschiedene Arten Fruchtmark.

MAISMEHL

Auch als Maisstärke bezeichnet, wird als Bindemittel beim Kochen verwendet.

MARSHMALLOW

Auch häufig als Mäusespeck bezeichnet, eine weiche Süßigkeit aus Eischnee und Zucker, meist in den Farben Weiß und Rosa erhältlich.

NATRON

Kurzbezeichnung für Natriumhydrogencarbonat, auch Back- oder Speisesoda genannt. Macht Hülsenfrüchte leichter genießbar und lässt als Backtriebmittel Muffins luftiger werden.

NETZANNONE

Eine auch unter dem Namen Buddha-Frucht bekannte Sorte aus der Familie der Annonengewächse, auch Rahmäpfel genannt. In tropischen Ländern beheimatet. Ihr Fruchtfleisch ist süß und saftig und wird gerne zerkleinert zu Joghurts gegeben.

PASTA

Conchiglie

Pastasorte mit sehr großen, muschelförmigen Nudeln

Fettuccine

Schmale Bandnudeln

Makkaroni

Auch Maccheroni genannt, lange Hohlnudeln

Penne

Schräg geschnittene Röhrennudeln

Risoni

Kleine reisförmige Pasta, sehr ähnlich wie Orzo aus der griechischen Küche

PASTINAKE

Wurzelgemüse, das im Winter geerntet wird und nur gekocht verzehrt werden kann. Der Geschmack erinnert an Karotten und Sellerie mit Petersilienaroma. Püree aus Pastinaken ist ein Klassiker der englischen Küche.

PATISSON-KÜRBIS

Gartenkürbis, wegen seiner einzigartigen Form auch Kaiser- oder Bischofsmützenkürbis genannt. In den Farben gelb, orange und hellgrün erhältlich, braucht nicht geschält zu werden. Lässt sich auch durch andere Gartenkürbissorten ersetzen.

PIDE

Fladenbrot aus Hefeteig, im östlichen Mittelmeerraum weit verbreitet. In Deutschland vor allem in der griechischen Variante Pita bekannt.

PILZE

Austernpilze
Auch Austernseitling genannt, grauweißer Pilz, der wie ein Fächer aussieht. Bekannt für seine weiche Konsistenz und seinen zarten, austernähnlichen Geschmack.

Champignons
Kleine, gezüchtete weißlich-beige Pilze mit mildem Geschmack

Enokitake
Lange, dünne weiße Pilze mit einem delikaten Fruchtgeschmack

PAK-CHOI
Auch bekannt als Bak-Choi, Pok-Choi oder Bok-Choi, ist eine chinesische Weißkohlsorte. Im Deutschen auch Senfkohl genannt, da er einen leichten Senfgeschmack hat. Baby-Pak-Choi hat kleinere Köpfe und ist zarter als der gewöhnliche Pak-Choi. Blätter und Stängel sind essbar und lassen sich gut anbraten oder schmoren.

POLENTA
Ein aus Mais und Grieß hergestellter fester Brei, vor allem in der Küche

der Alpenländer beheimatet.

RATATOUILLE
Gemüsegericht aus dem Schmortopf, in der provenzalischen Küche beheimatet. Besteht zumeist aus einzeln angebratenen Auberginen, Tomaten, Zwiebeln, Paprika und Zucchini und wird kräftig mit Knoblauch und Kräutern der Provence abgeschmeckt.

REIS

Arborio
Rundkornreis mit kleinen Körnern, nimmt große Mengen an Flüssigkeit auf und eignet sich deshalb besonders für Risotto. Benannt nach der Anbauregion in der italienischen Po-Ebene.

Basmati
Duftreis mit langen Körnern, muss vor dem Kochen gründlich gewaschen werden.

Langkorn
Reis mit 6–8 Millimeter langen Körnern, hart, glasig, bleibt beim Kochen trocken-körnig. Typische Form ist der Duftreis.

Rundkorn
Reis mit 4–5 Millimeter langen Körnern, enthält

viel Stärke und wird deshalb beim Kochen klebrig-weich. Typische Formen sind Milch- und Risottoreis.

REISMEHL
Ein vor allem in der thailändischen Küche beheimatetes Mehl aus Langkornreis. Kann durch Kartoffel- oder Maisstärke ersetzt werden.

REISPAPIERBLÄTTER
Aus Reismehl zu Kreisen geformter Teig, der vor der Verarbeitung in lauwarmes Wasser getaucht werden muss. Hält sich gut bei Raumtemperatur, ist aber sehr brüchig.

RÜHRKUCHEN
Der Einfachheit halber hilft eine Backmischung. Diese kann jedoch auch durch ein einfaches Rührkuchenrezept ersetzt werden: 250 g Butter, 250 g Zucker, 250 g Mehl, 1 EL Backpulver, 1 Prise Salz und 3 Eier (und nach Belieben ein Päckchen Vanillezucker) verrühren und bei 180 °C im Ofen backen.

SAUCEN

Austernsauce
Diese dickflüssige braune Sauce asiatischer Herkunft wird aus Austern und Austernsole her-

gestellt, die mit Salz und Sojasauce gekocht und mit Stärke verdickt werden.

Barbecuesauce
Kalte Würzsauce aus Tomatenmark, Essig, Zwiebeln, Senf und Gewürzen unterschiedlicher Intensität. Wird oft mit einem Raucharoma versetzt.

Fischsauce
Meist unter den Namen Nam Pla (thailändische Variante) oder Nuoc Nam (vietnamesische Variante) zu finden. Hergestellt aus pulverisiertem, gesalzenem und fermentiertem Fisch (zumeist Anchovis), hat einen scharfen Geruch und einen strengen Geschmack.

Hoisin
Eine dicke, süß-saure chinesische Sauce, hergestellt aus gesalzenen und fermentierten Sojabohnen, Zwiebeln und Knoblauch. Wird oft als Marinade oder als Zugabe zu angebratenen oder gegrillten Speisen benutzt.

Ketjap Manis
Süße Sojasauce, die Sie auch leicht selbst herstellen können: 500 g Zucker mit Ingwer, Zimt, Anis

und Knoblauch einkochen, 500 ml Sojasauce hinzugeben. Unter Rühren etwa 15 Minuten kochen, bis sich die Zutaten komplett aufgelöst haben.

Sauce Tartare
Auch Tartarensauce genannt, kalte Sauce der französischen Küche aus Öl, Eigelb und Schnittlauch.

Sojasauce
Bezeichnet hier die japanische Variante der Würzsauce, unter dem Namen „Kikkoman" zu finden. Die braune Sauce besteht aus Sojabohnen, Wasser, Weizen und Salz und hat eine geschmacksverstärkende Wirkung. Für alle Speisen geeignet.

Sweet Chili
Thailändische Würzsauce mit gehackten Chilischoten und ganzen Chilikernen.

Teriyaki
Japanische Sauce, die meist zum Marinieren von Fleisch verwendet wird. Sie besteht aus Sojasauce, Zucker, Essig, Gewürzen und japanischem Reiswein.

Worcester(shire)sauce
Eine dünnflüssige, dunkelbraune, würzige

Sauce, die gerne zum Verfeinern von Fleisch, Bratensaucen und Cocktails verwendet wird.

SESAMÖL
Speiseöl aus den Samen der Sesampflanze. Hier ist ausschließlich die helle Variante gemeint, die als Salatöl oder als typische Beigabe zu asiatischen Gerichten eingesetzt werden kann.

SMOOTHIE
Ganzfruchtgetränke, bei denen im Gegensatz zum Fruchtsaft die komplette Frucht verarbeitet wird (inkl. Schalen und Kernen), gerne tiefgekühlt serviert. Die industriell hergestellte Variante ist aufgrund ihres hohen Zucker- und Säuregehalts für Kleinkinder nicht geeignet.

STREUZUCKER
Weißer Zucker in fein rieselnden Kügelchen, der auf warmen Speisen nicht zerläuft.

SULTANINEN
Eine Rosinenart aus den getrockneten, kernlosen gelb-grünen Trauben gleichen Namens, meist süßer und weicher als andere Rosinenarten.

SÜSSKARTOFFEL
Eine entfernte Verwandte

der Kartoffel, die ursprünglich aus Mittelamerika stammt. Sie hat einen sehr hohen Zuckergehalt und kann genau wie die Kartoffel verarbeitet werden.

TOFU
Ein grauweißes asiatisches Lebensmittel, aus der Milch passierter Sojabohnen hergestellt. Gibt es fest oder weich zu kaufen. Tofureste können in Wasser (täglich wechseln) kalt gestellt bis zu vier Tage aufbewahrt werden. Seidentofu bezieht sich auf die Herstellungsvariante, bei der die Sojaflüssigkeit durch Seide gefiltert wird.

VANILLEEXTRAKT
Backaroma, das durch aus in Wasser eingelegten Vanilleschoten gewonnen wird.

WASSERBAD
Für das Erhitzen von wärmeempfindlichen Speisen (z. B. Schokolade, Gelatine) werden die Zutaten in ein kleineres Gefäß in einen größeren Topf mit Wasser gehängt und dieser dann langsam erhitzt. So wird ein Anbrennen verhindert.

WEISSWEINESSIG
Italienisch: Aceto di vino

bianco, Essig, der aus kräftigen und alkoholreichen Weißweinsorten gewonnen wird. Lässt Eiweiß schneller gerinnen und eignet sich daher zum Herstellen von Eischnee.

ZUCKERERBSEN
Auch Kefe oder Kaiserschote genannt, eine Erbsensorte, die äußerlich der Bohne ähnelt. Kann roh oder gekocht mitsamt der Hülse verzehrt werden.

ZUCKERGUSS
Auch Zuckerglasur genannt, besteht aus Puderzucker und Wasser. Gibt es als Fertigmischung zu kaufen.

ZUCKERMELONE
Beliebteste Zuckermelone ist die runde Cantaloupe-Melone mit ihrer dicken, netzartig geäderten Schale und dem weichen, hellorangefarbenen, aromatischen Fruchtfleisch.

Allgemeine Hinweise

1 In allen Rezepten werden Standardmaß-
einheiten verwendet:
1 Esslöffel = 15 ml
1 Teelöffel = 5 ml

2 Sofern nicht anders angegeben, sind große
Eier (60 g) zu verwenden. Eier sollten nie
roh gegessen werden. Besonders gefähr-
deten Personen, wie schwangeren Frauen,
stillenden Müttern und alten Menschen,
Babys und kleinen Kindern wird vom Verzehr roher oder nur leicht gekochter Eier-
speisen dringend abgeraten. Im Übrigen
sollten solche Gerichte unmittelbar nach
der Zubereitung verzehrt werden.

3 Wenn nicht anders angegeben, sollten
Sie die Gerichte generell mit Vollmilch
(3,5 % Fettgehalt) zubereiten.

4 Geflügel sollte durchgebraten oder -gekocht
werden. Um dies zu testen, stechen Sie es
an der dicksten Stelle mit einem Spießchen
oder einer Gabel an. Der austretende Saft
sollte klar sein, niemals rosa oder rot.

5 Verwenden Sie, sofern nicht anders angegeben, frische Kräuter. Falls diese nicht
erhältlich sind, können sie durch die halbe
Menge getrockneter Kräuter ersetzt werden.

6 Der Backofen sollte auf die jeweils im
Rezept vorgeschriebene Temperatur vor-
geheizt werden. Bei Gas- und Heißluft-
herden beachten Sie bitte bei der Einstel-
lung der Temperatur und der Back- bzw.
Bratzeit die davon eventuell abweichenden
Angaben des Herstellers. Generell gilt:

REZEPTANGABE	°CELSIUS	GASSTUFE
Niedrige Hitze	120	1–2
Mittlere Hitze	180	4–5
Große Hitze	220	7–8

7 Anstelle eines Woks können Sie auch eine
große beschichtete Pfanne verwenden.

8 Einmal aufgetaute Gerichte sollten Sie nicht
wieder einfrieren.

9 Einzelne Gerichte in diesem Buch können
Nüsse oder Spuren von Nüssen enthalten.
Personen, die auf Nüsse oder nusshaltige
Lebensmittel allergisch reagieren, und
solchen, die durch allergische Reaktionen
besonders gefährdet sind, wird empfohlen,
auf Gerichte mit Nüssen und Nussölen
zu verzichten. Der Vorsicht halber sollten
auch die Zutatenangaben abgepackter
Lebensmittel auf nusshaltige Inhaltsstoffe
überprüft werden.

10 Zum Abmessen fester Zutaten wird eine
Küchenwaage empfohlen; Flüssigkeiten
lassen sich am besten in einem durchsich-
tigen Glas- oder Plastikbehälter mit gut
lesbarer Maßskala messen.

Register

Die Informationen und Anleitungen in diesem Buch sind vom Verlag
nach bestem Wissen und Gewissen sorgfältig erwogen und geprüft,
stellen aber keinen Ersatz für eine medizinische Betreuung jeglicher Art dar.
Der Verlag übernimmt keinerlei Haftung für etwaige Personen-
oder Sachschäden, die sich aus dem Gebrauch oder Missbrauch
der in diesem Buch vorgestellten Tipps und Informationen ergeben.

Originalausgabe:
„Fresh Food for Babies and Toddlers"
Erstveröffentlichung bei ACP Books, Sydney 2005
© ACP Magazines Limited 2005

Deutschsprachige Ausgabe:
© 2008 vgs
verlegt durch EGMONT Verlagsgesellschaften mbH,
Gertrudenstraße 30–36, 50667 Köln
Alle Rechte vorbehalten

This edition published in arrangement with ACP Magazines Ltd., Australia.
First published in Australia in 2005 by ACP Magazines Ltd.
under the title Fresh Food for Babies and Toddlers.
© ACP Magazines Limited 2005. All rights reserved.

1. Auflage
Aus dem Englischen von Twinbooks, München – Jennifer Künkler
Redaktion: Yvonne Tiedt
Lektorat: Kerstin Thürnau
Food Director der Testküche: Pamela Clark
Illustrationen: Louise Pfanner
Produktion: Susanne Beeh
Umschlaggestaltung: hilden_design, München, www.hildendesign.de
Satz: Knipping Werbung GmbH, Berg/Starnberg
Titelfoto: © Ghislain & Marie David de Lossy/Getty Images
Druck und Verarbeitung: Firmengruppe APPL, aprinta druck, Wemding

ISBN 978-3-8025-1788-4

www.vgs.de